世界で活躍する子の〈英語力〉の育て方

船津 徹

大和書房

はじめに
「子どもが社会に出る時に 求められる技能」を与えよう

　ここ20年で、日本のグローバル化は急速に進行しました。日本全国津々浦々、どこの学校を覗いても外国人生徒がいることが当たり前という状況になりつつあります。

　これから先20年、さらにグローバル化は加速し、日本人の暮らし、学び、仕事を大きく変貌させていくことでしょう。

　教育の大きな目的の一つに「子どもが社会に出た時に要求される技能を与えること」があります。これを実現するためには、**子どもが社会に出る「20年先の社会」を見越して教育を与える必要がある**わけです。

　テクノロジーの発達によって目まぐるしく移り変わる世界情勢や経済環境の中で、20年先の日本がどうなっているのかを正確に予測することはできません。しかし、1つだけ確かな未来図があります。

　それは**「日本のグローバル化が今まで以上に進行する」**ことです。グローバル化の波は、近い将来、必ず日本を飲み込みます。世界でも例を見ないスピードで少子高齢化社会に突入する日本において、国民の活力、国家の経済力と競争力を維持していくために「世界に門戸を開くこと」は、もはや避けられないのです。

はじめに　3

既に多くの地方自治体が、人口減少による財政難を打開する切り札として外国人の受け入れを積極的に進めています。

　島根県の出雲市は「外国人住民のうち、5年以上住む人の割合を30％台にする」と宣言。外国人の定住を促すために日本語教育の充実化や生活相談窓口の設置など、外国人に住みやすいまちづくりを始め、見事達成しました。

　広島県の安芸高田市は、経済団体と連携して外国人の移住を促進するまちづくり計画を制定。2022年度までに市内に住む外国人の半数に定住してもらうこと、留学生が介護やITについて学ぶ専門学校を誘致し、卒業後も地域で働ける環境作りを進めていく方針を発表しています。

　外国人に熱い視線を向けているのは地方自治体だけではありません。農業、漁業、サービス業、製造業、建設業など、深刻な人手不足に直面する業界では外国人労働者が頼みの綱です。

　外国人に対する苦手意識が強いと言われていた地方の農業や漁業の現場でも、今や「もっと外国人労働者を自由に受け入れられるようにしてほしい」と叫ばれているのです。

　このような状況を受けて、移民受け入れに消極的だった日本政府も外国人の就労ビザ条件を緩和する方針を決定しました。これまで単純労働とされる分野での外国人就労は禁止されてきましたが、「建設」「農業」「宿泊」「介護」「造船」の5分野を対象に就労ビザを発給し、2025年までに5分野で「50万人超」の受け入れを目指すとしています。

▶グローバル化の先にあるもの——日本の先を行く韓国では「一流大卒でも英語がダメだと就職できない」

　少子高齢化の打開策として労働者、留学生など、外国人の受け入れを拡大しグローバル化が加速していく日本。その先にある社会とはどのようなものなのでしょうか。

　これについては、日本よりも一足早くグローバル化に巻き込まれたお隣、韓国を見ると参考になります。

　1997年のアジア通貨危機によって韓国ウォンが暴落、外貨建て債務が膨れ上がり経営難に陥った韓国企業は、生き残りをかけて本格的なグローバル化に着手しました。

　この改革は成功し、サムスン電子、現代自動車、LG電子などは国際プラットフォームで活躍する世界企業へと躍進しました。企業のグローバル化が進む一方で、人気のある財閥系企業に就職するためには「高い英語力」が要求されるようになりました。

　たとえば**サムスン電子の新入社員はTOEIC平均点が900点以上、留学経験者が半数以上**と言われるほど人材の国際化が進みました。多くの企業が雇用対象を韓国人から外国人へと広げ、それまでは韓国人同士の競争で済んでいたものが、グローバル化によって外国人を含めた国際競争へとレベルアップしたのです。

　そして、韓国の一流大学を出ても「英語ができなければ就職できない」という事態を引き起こしました。

　グローバル化の拡大は競争の激化をもたらします。近い将来、日本人にとってのライバルは日本人だけではなくなります。中国、韓国、台湾、インド、そして経済成長著しい東南アジアの国々など、世界中の人たちとの競争が始まるのです。

はじめに　5

▶「語学力あるタフな外国人留学生」と「わが子」、企業に採用されるのはどっち？

コンビニ、牛丼店、居酒屋などでアルバイトに励む外国人留学生の若者を見たことがあると思います。

彼らは一昔前のように、お金に困って出稼ぎに来ている留学生ではありません。お金を稼ぎながら日本語（敬語やビジネス日本語）を身につけ、日本的な接客技術を身につけ、日本的経営や最新のビジネスモデルを学び取ろうとしている「野心にあふれた若者たち」です。

言葉も文化も違う外国に移り住み、外国語を身につけ、仕事に従事するのは並大抵の努力ではありません。特に日本は職場の上下関係や言葉遣いなどにうるさいですから、外国人にとって一層ハードルが高く、大きな覚悟が必要です。

コンビニや飲食店で働く留学生を見かけたら、次のように考えてみてください。**「私（の子ども）は彼らのように外国に出て、外国語を身につけ、学校に通いながら、夜中に飲食店でアルバイトするたくましさを持っているだろうか？」**

私の尊敬する師であり友人である株式会社パンネーションズ・コンサルティング・グループ代表取締役で早稲田大学大学院客員教授を努める安田正氏は言います。

「東大や早稲田で留学生と言えば、中国や韓国からのアジア人です。日本の大学に留学経験があり、日本語を流暢に操る留学生は希少価値が高いので日本で成功している人が多いです。日本の学生のレベルが落ちてきているので、今なら留学生がトップに立ち、リーダー的ポジションを得やすいのです。

コミュニケーションスキルや論理的思考を身につけている留学生は、日本人学生よりもリーダー的資質があります。海外勤務にも積極的で、日本を日本人以上によく知っている人が多いですからグローバル化を進める企業にとっては喉から手が出るほど欲しい人材なのです」

　日本政府が2008年にスタートした「留学生30万人計画」は着々と進んでいます。2018年の外国人留学生数は29万8980人（前年比12％増）です（日本学生支援機構）。
　安田氏の言葉通り、今日本に来ている留学生の多くは国費留学、あるいは企業から奨学金を得て日本のトップ大学に学びにきている「エリート学生」です。日本の大学生総数（大学＋大学院）が約281万人（総務省調べ）ですから、**日本の大学生の10分の1が留学生**なのです。語学力に長け、タフで意欲的な外国人留学生と、日本人学生の競争の火ぶたはすでに切られているのです。

▶日本人に合った英語教育法とは？

　教育の目的は「社会で要求される技能を与えること」と冒頭でお伝えしました。では、20年後の日本人に最も要求されるスキルは何なのか？　その答えは2つあると私は考えています。
　1つは激化する競争に負けない「メンタルタフネス」。
　そしてもう1つが「英語」です。

　メンタルタフネスは子育ての領域であり、自主的なやる気や自己肯定感を伸ばす子育ての実践が求められます。メンタルタフネスについては、拙著『世界標準の子育て』（ダイヤモンド社）に詳

しく書きましたので、そちらを参考にしていただければ幸いです。

　私が本書でご紹介させていただくのは「英語」です。

　国語、算数、理科、社会などの基本教科については、日本人の学力は世界トップレベルを達成しています。すでに日本人は、これらの分野においては十分にグローバル社会で勝負できる知識と技能を身につけているのです。しかし、残念なことに「英語」に関しては相変わらず世界最下位レベルのままです。
　グローバル社会における共通語は英語です。もちろん20年後の日本も例外ではありません。**これからは、日本国内で仕事をする人でも、英語とは直接関わりのない職業に就く人でも、その分野で活躍したければ英語ができなければダメ**なのです。
　接客業やセールスに関わる人はもちろん、農業や漁業、建築や建設、美容やファッション、介護や医療、教育や人材育成、各種エンジニア、編集や出版、あらゆる職業において英語ができればマーケット（顧客）が広がり、仕事の幅が広がり、活躍の場が広がるのです。

　20年後の日本では、英語ができる人・できない人の間に大きな格差が生まれます。子どもに英語を身につけさせて、生き生きと活躍できる人材に育てるか、あるいは英語は無理とあきらめるか、子どもの将来の選択肢や可能性を増やしたいと望むのであれば、どちらの道を歩ませるべきか、その答えは明白です。

　私はこれまで25年以上にわたり、子どもたちの英語教育に関

わってきました。日本人、韓国人、中国人、インド人、ベトナム人など多くのアジア人の生徒を指導しながら、日本人に合った英語学習法は何か？　島国日本でも身につく英語学習法は何か？その答えをずっと探し続けてきました。

　日本、アメリカ、中国で英語学校を運営し、4500人以上の子どもたちが英語を身につけ、グローバル社会に出ていくプロセスを見届けたことで、ようやくその答えに確信を持つことができました。

　それが本書でご紹介する **「リーディング力の獲得」** です。

　本書は、**日本人の子どもが、日本にいながら、実用的な英語力を身につける方法**を余すところなくご紹介するものです。アメリカの移民英語教育（ESL）の理論をベースにした実用的な学習方法を、ごく普通の日本人家庭でも実践できるように、テクノロジーを駆使した英語学習法をふんだんに盛り込んでいます。

　これまでの日本人が知っている英語学習とは大きく異なるメソッドの数々に驚きを感じるかもしれませんが、理論と実践と成果に裏付けられた確かな学習法です。

　自信を持ってお伝えできる内容ですので、ぜひ実践していただき、世界で活躍する子の〈英語力〉を育てる手助けにしていただければ、この上ない幸せです。

船津徹

世界で活躍する子の〈英語力〉の育て方　CONTENTS

はじめに――「子どもが社会に出る時に求められる技能」を与えよう …… 3

第1章　20年後、日本では「英語格差＝収入格差」になっている

1 2020年の教育改革により、日本で何が起こるか？ …… 20

2 英語という武器を手に入れれば、世界のトップ大学も視野に入る …… 25

3 家庭の経済力・居住地域によって子どもの英語格差が広がる …… 28

第2章　「英語ができる子」が目に見えてトクをする7つのこと

英語には本当に、お金と時間をかける価値があるのか？ …… 36

メリット **1** 返済不要の奨学金が取りやすくなる …… 38

メリット **2** 中学受験・大学受験で試験が免除される …… 40

メリット 3 グローバル就職で有利になり、収入が増える …… 44

メリット 4 自分の好き嫌いがわかり、自己実現しやすくなる …… 46

メリット 5 世界で要求される「個人主義的自己表現」が身につく …… 48

メリット 6 ロジカルシンキングが身につく …… 50

メリット 7 コミュニケーションスキルが向上する …… 53

第3章 日本の子ども英語教育、よくある7つの間違い

間違い 1 ✕「読み書きより英会話が大事」
➡ 学習英語ができなくなってしまう …… 58

間違い 2 ✕「6歳を過ぎたら英語は身につかない」
➡ リーディング力をつけておけば大丈夫! …… 64

間違い 3 ✕「英語の早期教育で、日本語がヘンになる」
➡ 日本で暮らしていれば、まず問題ない …… 69

間違い 4 ✕「ティーンエイジャーになったら手遅れ」
➡ 高度な英語力を身につける方法が2つある …… 75

間違い 5 ✕「これはapple、リンゴよ」と訳して教える
➡ 英語の思考回路が閉じてしまう …… 81

間違い 6 ✕「英語の"勉強"をしよう」
➡ 萎縮して話さない子になってしまう …… 87

間違い 7 ✕「英語はプロにお任せ」
➡ 子どもはモチベーションを保ち続けられない …… 92

第4章 日本にいながら英語教育を成功させる3つの目標

回り道をせず、子どもが一生使える「高度な英語力」を獲得するには …… 96

目標 1　高校までに「CEFR B2レベル」を達成する …… 98

目標 2　リーディング力の獲得 …… 108

目標 3　8〜10年の学習期間を確保する …… 111

第5章 海外留学せず、家庭学習のみで「CEFR B2レベル」を目指す具体的な方法

スタート年齢によって、家庭学習の内容は変わる …… 120

ステップ 0　フォネミック・アウェアネス──かけ流しで「英語のリズム」をしみこませる …… 123

  ❶ 乳幼児期は「かけ流し」でリズム感を鍛える …… 125

  ❷ どんな歌をかけ流したらいいか？ …… 128

  ❸ 3〜5歳は「読み聞かせ音声」も効果大 …… 131

  ❹ ステップ1に進むタイミングは？ …… 135

ステップ 1 フォニックス──アルファベットの「音」を学ぶ …… 137

❶ アルファベットチャートで文字と音を一致させる …… 140

❷ アルファベットカードで遊ぶ …… 144

❸ フォニックスはゲーム感覚で教える …… 149

❹ ワードファミリーを教える …… 152

❺ YouTubeやアプリで正確な発音を学ぶ …… 159

ステップ 2 サイトワーズ
──「頻出単語を丸暗記」で読解スピードを上げる …… 161

❶ まずはこの頻出100単語を「読める」ようにしよう …… 164

❷ 丸暗記を楽しくする方法 …… 167

ステップ 3 リーディングフルエンシー ──"超簡単な本"の多読ができれば、英語教育はほぼ成功! …… 173

❶ 子どもが読む本の種類と難易度を知る …… 176

❷ 音読が原則 …… 179

❸ どれだけ読めばフルエンシーが身につくのか? …… 181

❹ 多読におすすめの本リスト …… 183

第6章 年齢別「やる気」を維持する環境作り

0〜3歳 英語の音・文字環境を作る …… 200

3〜6歳 教育チャンネル「PBS KIDS」を使い倒す! …… 204

6〜10歳 英語停滞期を乗り越える! …… 210

10〜12歳 英語の価値を実感させる …… 216

13歳以上 国際交流を経験する! …… 222

英語子育てQ&A

親の関わりについて …… 226

Q 1 親と一緒に英語を学ぶのは良い? 良くない?

Q 2 親が英語が苦手な場合、子どもに英語は教えられませんか?

Q 3 親が英語が得意な場合は、子どもに教えても良い?

Q 4 親の関わりと子どもの英語力の関係は?

Q 5 英語の本の読み聞かせ、親の発音でも大丈夫?

Q 6 夫婦で英語教育への意見が分かれる場合は?

Q 7 共働き家庭で子どもに英語を教えることは可能?

Q 8 きょうだいが生まれたら、英語を嫌がるようになりました

Q 9 男の子、女の子で英語の身につけ方に違いはある?

Q 10 日本語がおぼつかない2歳児に英語を教えても大丈夫?

Q 11 3歳の子どもが英語(歌やDVD)を嫌がります

Q 12 5歳の子どもが英語のプリント学習を嫌がります。対処法は?

Q 13 6歳の子どもが音読をしてくれません。対処法は?

Q 14 7歳の子どもが英語の本を読みたがりません。対処法は?

Q 15 テレビやPCの画面を幼児に見せても大丈夫?

英語教材・スクール選びについて …… 234

Q 16 英会話スクールや家庭教師の選び方は?

Q 17 オンライン英会話、オンライン教材は活用すべき?

Q 18 フォニックス教材はどれを選ぶべき?

Q 19 英語力が伸びる習い事(英語以外)はありますか?

英語学習方法について …… 236

Q 20 子どもが意味の分からない単語に出会った時は、辞書で調べさせるべき?

Q 21 英単語はいくつ覚えればいいのですか?

Q 22 ボキャブラリーを効果的に増やす方法は?

Q 23 文法は教えなくていいのですか? 教える場合の方法は?

Q 24 子どもが間違った文法を使います。訂正すべき?

Q 25 英語を「聞く力」はどう育てれば良いのでしょうか?

Q 26 英語を「話す力」はどうやって教えるのですか?

Q 27 英語を「書く力」はどうやって教えるのですか?

Q 28 5年間英語を習っている子どもが、一言も英語を話しません。対処法は?

Q 29 英語の発音が日本人っぽいのですが、どうやって改善させますか?

Q 30 学校で発音が皆と違って恥ずかしい、と子どもが言います

Q 31 スペルミスが多いのですが、放っておいて大丈夫ですか?

Q 32 中学から本格的にリーディングに取り組んでも身につきますか?

Q 33 中学生の子どもの英語モチベーションを高める方法はありますか?

Q 34 英語の「拾い読み」を改善させる方法を教えてください

Q 35 英語の本は音読させるべきですか? 黙読でも大丈夫?

Q 36 子どもが本を理解しているのか分かりません。確認すべきですか?

Q 37 単語の読み間違いは矯正すべき?

英語の資格試験、学校について …… 244

Q 38 英検などの資格試験は何歳から受験させるべきですか?

Q 39 英検や資格試験はどういう対策をすべき?

Q 40 インターナショナルスクールに通わせるメリットとデメリットは?

Q 41 イマージョンスクールについて教えてください

Q 42 国際バカロレアとは何ですか?

英語以外の活動との両立について …… 246

Q 43 お金をどこにかけたらいいか(習い事、塾などのバランス)

Q 44 中学受験を予定しています。英語の勉強は継続すべきですか?

Q 45 英語とスポーツ(音楽、演劇、芸術)を両立させるコツは?

Q 46 学校の英語の授業やテストをどう捉えたらいいですか?

海外留学について …… 248

Q 47 英語圏に留学させる時期はいつ、どれくらいの期間がベストでしょうか?

Q 48 海外のサマープログラムについて教えてください

Q 49 英語だけでなく、欧米文化を身につけさせるにはどうしたら良いです

か?

Q 50　子どもを留学させる場合、英語以外に必要なことは?

Q 51　留学させるならばどの国・地域が良いでしょうか?

Q 52　英語圏のボーディングスクールにはどうしたら入学できますか?

Q 53　ハーバードなど世界トップ大学に入学するにはどうしたらいいですか?

おわりに …… 254

第 **1** 章

20年後、日本では
「英語格差＝収入格差」
になっている

1 2020年の教育改革により、日本で何が起こるか?

　日本では2018年から小学3年生の英語が段階的にスタートし、2020年には小学5年生から英語が教科化されます。

　また2020年の大学入試改革では、英語テストで「読む」「聞く」に加えて「話す」「書く」も評価対象となることが決まっており「実用性重視」へと英語のテスト内容を転換する方針が明らかになっています。

　今の日本の動向を見る限り、韓国をモデルに日本の英語改革を進めようとする文部科学省の意向が見え隠れします。**韓国は、グローバル化の進行、英語教育の低年齢化、大学入試改革など、多くの面で日本が現在たどっている道の先を歩んでいます。**

　というわけで2020年の英語教育改革が日本社会にどのような変化をもたらすのか、そして親は子どもたちにどのような準備をしてあげれば良いのか、本章では韓国の例をふまえながら考えていきたいと思います。

▶韓国の英語力がこの20年で急速に向上した理由

　20年前までは日本と並んで「英語下手」とされていた韓国ですが、ここ20年で急速に英語力を伸ばしています。

　2017年のTOEFL iBT平均スコアを見ると、アジア29ヶ国中11位と、英語が公用語である香港と肩を並べるレベルまで英語力を向上させています（同年の日本のスコアは29ヶ国中27位で、

過去20年間下から3〜4番のまま)。

　なぜ韓国は英語力を向上させることに成功したのでしょうか？その理由をひもとくことは、グローバル化が急速に進む日本において、子どもたちが英語力を身につけていく上で必ず参考になるはずです。

　韓国が真剣に英語と向き合うきっかけとなったのが、1997年に起きたアジア通貨危機だったということは「はじめに」で述べました。

　通貨危機後、韓国政府も国家を挙げたグローバル化に取り組み始めました。1997年の英語教育改革によって、それまで小学4年生から特別活動として行われていた英語を、小学3年生からの正式教科へと格上げしました。

　指導内容もそれまでの「文法訳読法／文法と翻訳を中心とする教授法」からリスニング、スピーキング、ライティングなど、実用性重視のカリキュラムへと方向転換したのです（2008年からは小学1年生で英語教育がスタート）。

　このような社会環境の変化が、もともと教育熱心で知られる韓国人保護者たちの「英語熱」に火をつけました。

▶小学生のうちに留学する子が激増!

　1997年以降、韓国では小学生から高校生で英語圏に留学する「早期留学」がブームとなりました。

　韓国教育開発院の統計によると、早期留学生数は2000年から急増。ピークの2006年には2万9000人となり、韓国では全生徒（小・中・高）のうち海外留学を経験した生徒の割合は38％、**3人に1人以上が留学経験あり**という大変大きな数字となっています。

	小学生	中学生	高校生	合計	全生徒数に対する留学者の割合
2004年	6276	5568	4602	16446	21%
2005年	8148	6670	5582	20400	26%
2006年	13814	9246	6451	29511	38%
2007年	12341	9201	6126	22668	36%
2008年	12531	8888	5930	27349	36%

（出所：チェ、2011）

　特筆すべきは小学生の留学者数が中高生よりも多いことです。この背景には、日本よりもはるかに熾烈な大学受験戦争が存在する韓国では、中高生での留学は大学受験で不利になると考えられていることがあります。

　時間的に余裕がある小学生のうちに１〜２年留学させて英語の基礎力を身につけ、韓国へ帰国後は大学受験に備えるというパターンが定番化しているのです。

▶ハワイにも波及した韓国の英語熱

　小学生の留学には保護者である母親が同伴することが一般的です。父親は韓国に残って働き、生活費を留学先に送る生活を余儀なくされます。

　子どもの留学のために多額のお金を稼がなければならない上に、韓国に１人残された父親が寂しさから鬱になったり、家庭崩壊につながったりするなど、英語熱の弊害が社会問題化（キロギアッパ問題／「雁の父親」という意味）したことはご存じの方も多いかと思います。

韓国が英語ブーム真っただ中であった2001年に、私はハワイでバイリンガル人材育成を目的とした英語塾を開校しました。韓国語での広告を一切出していないにもかかわらず、早期留学生と思われる韓国人母子がたくさん私の塾に訪れるようになり、とても驚いたことを覚えています。

　アメリカに母子留学するだけでもかなりの勇気がいりますが、さらに日本人が経営する英語塾の評判をどこからか聞きつけて訪ねていくという行動力、子どもの教育のためなら何でもするという母親の姿勢に感動さえしました。

　というのも私がアメリカ移住を決意した理由も、韓国人保護者たちと同じ、子どもの教育目的だったからです（この話は別の機会に！）。

　母子留学中の母親に話を聞くと、韓国は英語の教育費が高額である上、子どもへの学習負担が大きいので、いっそのことアメリカに移り住んで教育を受けさせた方が子どもの英語力の習得には手っ取り早いのだそうです。

　とはいえ、早期留学を実現できるのはごく一部の富裕層です。多くの子どもは韓国に住みながら、英語学院と呼ばれる英語塾に通ったり、ネイティブの家庭教師から習ったり、オンラインレッスンを受けたり、努力を重ねて英語力を身につけなければなりません。

　韓国社会では英語ができなければ「負け組」決定ですから、子どもたちも必死なのです。

第 1 章　20年後、日本では「英語格差＝収入格差」になっている　　23

▶6時間×週5日ネイティブのレッスンを受ける子どもたち

　ベネッセコーポレーションが2007年に実施した「学習基本調査・国際6都市調査」によると、**ソウル市内で英語塾に通う子どもの割合は半数以上の51.9％で、東京都の18.1％に比べてはるかに高い数字**でした。

　韓国の英語塾（英語学院と呼ばれる）は日本のように週1回1時間の英会話レッスンという生易しいものではありません。学校が終わってから週に3〜5日塾に通い、5〜6時間、ネイティブ講師から英語オンリーのレッスンをみっちり受けるのです。

　毎日英語塾で5〜6時間ネイティブの授業を受けるのですから、インターナショナルスクールに通っているようなものです。

　ただインターナショナルスクールと異なるのは、昼間は韓国の学校に通いながら、放課後に英語も勉強しなければならないことです。子どもの学習負担は生半可なものではありません（韓国でインターナショナルスクールに入学できるのは外国籍の子どものみ。そのため入学を希望する富裕層の間ではアメリカやカナダで出産し、子どもの外国籍を取得する「海外出産」が増えています）。

　塾が終わる夜10時頃になると、英語学院がひしめき合うソウルの一角は、子どもを迎える車の列で渋滞が起きるそうです。

＼ Review ／

- ✓ **通貨危機によりグローバル化の進んだ韓国では「英語ができないと負け組」になった**
- ✓ **韓国は1997年に小3で英語教育がスタートし、急速に英語力を伸ばした**

2 英語という武器を手に入れれば、世界のトップ大学も視野に入る

　韓国人の英語熱の高まりは、大学進学にも変化をもたらしました。それまで優秀な韓国人が目指していたのはソウル大学、延世大学という韓国のトップ大学でした。

　ところが英語という武器を手に入れたエリート韓国人は、もはや韓国のトップ大学では物足りなくなったのです。そしてアメリカやイギリスのトップ大学、すなわち世界のトップ大学を目指すようになりました。

　国際教育研究所（Institute of International Education）の集計によると、2018年にアメリカの大学に通う韓国人学生数は5万4千人で、人口が韓国の10倍以上の中国（36万3千人）、インド（19万6千人）に次ぐ大きな規模になっています。

　同年の日本人留学生数は1万8千人で、韓国人の3分の1で

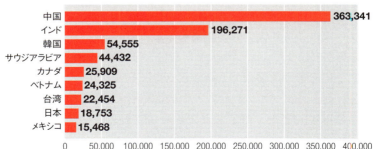

■ アメリカに留学している学生が多い国・地域 トップ9（2017〜2018年）

国・地域	人数
中国	363,341
インド	196,271
韓国	54,555
サウジアラビア	44,432
カナダ	25,909
ベトナム	24,325
台湾	22,454
日本	18,753
メキシコ	15,468

（出所：Institute of International Education_2018）

す。韓国の人口が日本の半分以下であることを考えると、韓国人のアメリカ大学への情熱の高さがうかがえます。

さらに付け加えれば、アメリカの大学ならばどこでもいいというわけではないのです。韓国人が目指しているのは、アメリカの中でもトップ大学である**ハーバード大学**、**イェール大学**、**プリンストン大学**、**ペンシルバニア大学**、**ブラウン大学**、**コロンビア大学**、**ダートマス大学**、**コーネル大学**で構成されるアイビーリーグ大学です。

▶グローバルエリートを輩出する韓国の進学校

2018年のハーバード大学（大学院含む）の国別在籍者数を見ると韓国人は317名で、1位中国（1016名）、2位カナダ（686名）に次ぐ第3位の数字となっています（同年の日本人在籍者数は100名）。

韓国人のアメリカの大学進学を後押ししているのが、**特殊目的高校**、**自立型私立高校**、**国際高校**など、特定分野で秀でた才能を持つ学生、外国語能力の高い学生を養成するエリート高校の存在です。

ソウル市にある**大元外国語高等学校**は1984年に設立された外国語専門高校です。ソウル大学、延世大学への入学率は常に韓国1、2位を争う進学校でしたが、グローバル化が進んだ2000年以降、進学先ターゲットをアメリカの大学へと変えました。

以来毎年50名近くの学生をアメリカのトップ大学へ送り込むようになり（2007年には36名がアイビーリーグ大学へ合格）、その名が世界でも知られるようになりました。

2008年の大元外国語高等学校のSAT平均スコアは2203点（2400点満点）で、アメリカ最難関ボーディングスクールと言われる**フィリップス・エクセター・アカデミー**の2085点を大きく引き離しています。

江原道に広大なキャンパスを構える**民族史観高等学校**は1977年に設立された全寮制の自立型私立高校です。生徒は授業でも生活でも英語を使用することが原則（English-Only Policy）という環境の中で共同生活を送ります。

2008年に同校からアメリカの大学を受験した77人の生徒のうち、25人がアイビーリーグ大学に合格。19人がUCバークレーに合格。10人がニューヨーク大学に合格しています（「Newsweek」誌2008年8月8日付）。

大元高校や民族高校の成功に触発されて、韓国の進学校の多くがアメリカやイギリスの名門大学へとターゲットを変更しています。

苦労して韓国のトップ大学に合格しても、その先の就職につながらない。同じ苦労を強いるならば、子どもには世界のトップ大学を目指させようという韓国人の教育熱には舌を巻きます。

通貨危機に端を発した韓国のグローバル化は英語教育を過熱させ、韓国人の目を一斉に世界へと向けさせたのです。

\ **Review** /

✔ **英語を手に入れた韓国人エリートは、ハーバード大学やイェール大学を目指すようになった**

✔ **苦労して国内のトップ大学に入学しても就職につながらないなら、英語力をつけて世界へ出るのも一案**

第1章　20年後、日本では「英語格差＝収入格差」になっている　　**27**

3 家庭の経済力・居住地域によって子どもの「英語格差」が広がる

　グローバル化の進行は韓国に英語教育ブームを引き起こし、「絶対にわが子に英語を身につけさせなければならない！」と、どの親も必死に英語教育に取り組みました。

　しかし英語教育には「お金」がかかります。富裕層は早期留学をしたり、英語学院に通わせたり、家庭教師をつけたりと、私教育を充実させることで英語力をどんどん強化していきました。

　その一方で、そこまで教育費はかけられないという中間層以下の家庭の子どもたちは、学校の授業頼みだったのです。その結果、**家庭の経済力によって、英語ができる子とできない子の「英語格差」が広がっていった**のです。

　韓国の学校で英語の授業は、原則ネイティブ講師が英語オンリーで行います。しかし授業時間は小学3、4年生で週2時間、小学5、6年生で週3時間であり、放課後に毎日のようにネイティブから数時間の指導を受けている富裕層の子どもたちとの英語力の差は広がっていく一方だったのです。

　経済力による英語格差が広がったという事実は、**学校で週に3〜4時間授業を受けるだけでは高度な英語力は身につかない**ということを示唆しています（英語習得に必要な時間については111ページ参照）。学校では誰もが同じ授業を受けていますから、英語力に大きな差は生じないはずです。

　もちろん子どもの資質差や学習意欲の大小による学力差はどの教科でも起こります。しかし英語の学力格差が他の教科よりも拡

大した理由は「英語の習得は学習者の努力だけではどうにもならない部分が大きい」からです。英語はネイティブとコミュニケーションをとる機会を与えるなど、学校の外でも英語環境を整えてあげなければ身につかないのです。

　日本では小学３年生からの英語教育が段階的にスタートしていますが、授業数は年間で35コマ（１コマは45分）です。
　年間たった26時間程度で満足な英語力が身につくはずがありません。26時間というのは海外に３〜４日間行って、英語漬けになるのとほぼ同じインプット量なのです。海外旅行に数日行っても英語力が身につかないことは明らかです。
　つまり**子どもに英語を身につけさせたければ、学校以外の場において「英語に触れる時間を増やす」必要がある**のです（本書では、どのようにその時間を増やすかを第４〜６章で説明します）。

■ **学校の授業だけではインプット量が少なすぎる**

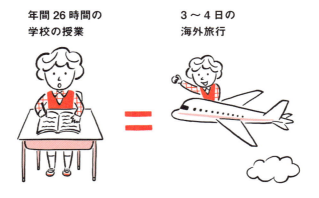

年間26時間の学校の授業 ＝ ３〜４日の海外旅行

▶都市部と地方の「英語格差」の拡大

　格差問題に関して、もう１つ韓国の例を紹介しましょう。それが都市部と地方の「英語格差」の拡大です。

　韓国は首都ソウルへの人口の一極集中が進んでおり、英語学院がひしめき合うソウルと、英語教育のオプションがほとんどない地方で英語格差が拡大していきました。

　そして「わが子を英語で負け組にするわけにいかない！」と、地方からソウル近郊へ越してくる家庭が増え、不動産価格が跳ね上がり、さらに所得による教育格差が広がるという悪循環を引き起こしたのです。

　韓国ほどではないですが、**日本でも大都市圏と地方の教育格差は広がりつつあります**。特に英語教育については私立学校、インターナショナルスクール、イマージョンスクール、国際バカロレア認定校（244〜246ページにて説明）などの選択肢は大都市圏が圧倒的に豊富であり、子どもが受けることができる英語教育レベルに「差」が生じることは避けられません。

　所得や地域による英語格差を軽減するために韓国政府はどのような措置を講じたのか、これも日本の未来を予測する上で参考になりますので見ていきましょう。

英語格差の解消案①▶国内で疑似留学できる「英語村」

　自治体と民間が共同で始めた英語教育事業が、韓国国内にいながら疑似留学体験ができる「英語村」です。

　2004年に韓国で最初の英語村である「京畿英語村アンサンキ

ャンプ」が設立され、たちまち子どもたちに大人気となりました。その後、韓国各地に設立され、2011年現在、韓国には32の「英語村」が存在します。

　英語村は主に幼児後期から小学生を対象にした英語体験テーマパークです。英語村で子どもたちを迎えるのは「入国審査ゲート」です。入国審査官を務める外国人講師の質問に答えてパスするとパスポートにスタンプをもらい、英語村に入国できます。

　その後、ホテルのチェックイン、レストランでの食事、銀行や郵便局での会話、スーパーマーケットでの買い物など英語圏での生活を、外国人講師を相手に体験することができます。

　英語村には「English-Only Policy ／英語しか使ってはいけない」というルールがあり、子どもたちは韓国人同士でも英語で会話をします。

　英語村では英語レッスンは行わず、英語を用いて共同作業を行うプログラムを通して「コミュニケーション英語」を学ぶことに重点を置いています。少人数グループで料理をしたり、演劇を習ったり、集団スポーツに参加することで、英語圏に留学しなくても生きた英語に触れる経験を積むことができるわけです。

　参加期間は日帰りから、１泊２日、２泊３日、夏休みや春休みを利用した長期プログラムなど、多様なオプションから選択できます。**参加費は１泊あたり宿泊や食事込みで１万円程度**（プログラムによって異なる）です。

　最近は日本やロシアなどの非英語圏からも英語村プログラムに参加する生徒が増加しているそうです。

　日本でも、2018年に群馬県高崎市に「**くらぶち英語村**」、東京都江東区に「**トーキョー・グローバル・ゲートウェイ**」という本

格的な英語村がオープンしました。他にも多くの自治体が地方活性化策として英語村に期待を寄せています。

英語格差の解消案② ▶オンライン学習の拡充

英語格差の軽減策として、韓国政府はインターネットを活用したEラーニングシステム（オンライン学習）の整備を実施しました。

1999年に教育の情報化を先導する組織として韓国教育学術情報院（KERIS）を設立。KERISはEラーニングプラットフォーム「**EDUNET**」を開発しました。これによって生徒は経済的負担なく、英語や他の教科を学校や家庭で自己学習できるようになりました。

EDUNETにログインすると、クラウド上に教科書や参考書などのコンテンツが準備されており、**生徒1人ひとりのレベルや進度に合わせて動画やアニメーションなど、マルチメディア教材を使って予習・復習**ができるようになっています。

さらに英語強化策として各学校に「**サイバー英語教室**」と呼ばれるビデオチャットシステムを導入しました。このシステムにより、通常のネイティブの授業に加えて、優秀なネイティブ教師によるビデオレッスンが韓国全土の学校で受けられるようになりました。

KERISによると「Eラーニングの導入によって特に地方の学生に学力向上が見られた」とのことです（教育家庭新聞 2013年5月6日付）。

格差軽減策として、Eラーニングの活用は日本でも有効だと思われます。ただ残念なことに、現在の日本の学校教育における情

報通信化は世界標準から大きく遅れています。

2015年にOECDが72ヶ国（または地域）の15歳の生徒に対して行った調査（PISA2015）によると、日本はインターネットとコンピューターの学校内外での使用について、ほとんどの項目においてOECD平均を下回っていることが分かりました。

一例ですが、**「月に1～2回以上、学校外でコンピューターによって宿題をする」と答えた割合はデンマーク、オーストラリア、メキシコが約90％以上だった一方で、日本はわずか16％で、調査国中最下位**でした。

- ✓ 学校の授業だけでは高度な英語力は身につかない
- ✓ 英語村やオンライン学習が英語格差解消のヒントになる

第 2 章

「英語ができる子」が
目に見えてトクをする
7つのこと

英語には本当に、お金と時間をかける価値があるのか?

　韓国では、留学や英語学院、家庭教師などにお金をかけられる富裕層と、そこまで教育費をかけられない学校の授業頼みの中間層以下の家庭の子どもたちとの間で「英語格差」が広がっていきました。

　日本でもこれから先20年、英語ができる子はどんどんできるようになり、英語ができない子はできないままという「英語格差」が拡大していくことでしょう。

　すでにその兆候は現れています。大都市圏を中心に英語の早期教育を行う**幼児教室**、ネイティブと英語でコミュニケーションがとれる**英語プリスクール**、英語で授業を行う**インターナショナル幼稚園**など、英語の先取り教育を行う教育機関が次々と設立され人気を集めています。

▶日本でも3〜6歳の「親子留学」が人気に

　母子で英語圏に留学する**「親子留学」**も人気です。日本人にとって最も親しみがある英語圏であるハワイには、多くの「親子留学生」がやってきます。

　私の学校のハワイ校にも、1〜2年の予定で留学してくる日本人母子が多く在籍しています。塾をオープンした2001年頃は親子留学でハワイに来る母子は年に数組程度でしたが、今では毎月数組、親子留学希望者から入塾問い合わせがあります。

親子留学の典型的なパターンは、母親が学生ビザを取得して英語学校に通い、子どもは現地の学校に通うというものです。子どもの年齢は日本の小学校に上がる前の3〜6歳が最も多く、日本での学校教育を疎かにしたくない、日本語も英語もきちんと身につけてほしいと希望する保護者が多いようです。
　最近では、韓国の早期留学のように、小学生の子どもを連れて母子留学するケースも増えています。アメリカの学校生活を経験させることで英語力だけでなく、欧米的思考スキルや世界標準のコミュニケーション力、グローバルな視野を身につけさせたいという意識の高い親が増えてきたのでしょう。
　また長期留学ではなく、**夏休みを利用して子どもをハワイのサマースクールに1ヶ月程度参加させる「短期留学」も年々増えています。**

　日本でも「英語格差」は確実に広がっています。
　しかし、英語ができるようになると、子どもにとって具体的にどのような恩恵があるのでしょうか？
　本当に英語には、それほど高い価値があるのでしょうか？
　次から見ていきたいと思います。

第2章　「英語ができる子」が目に見えてトクをする7つのこと

メリット 1 返済不要の奨学金が取りやすくなる

　未だに英語ができない人が大多数の日本では、英語ができる人は貴重な存在であり、多くの面で得をします。その分かりやすい例が**「給付型奨学金」**です。英語ができると返済不要の奨学金が取りやすいのです。

「トビタテ！　留学JAPAN」は文部科学省が立ち上げた官民協働の海外留学推進プログラムです。高校生と大学生を対象に、海外留学希望者へ返済不要の奨学金を支給しています。
　アメリカの大学は授業料が高額であり私費留学はハードルが高いですが、この奨学金を得ることができればアメリカの大学に留学することも夢ではありません。

「日本学生支援機構（JASSO）」は海外留学を希望する大学生、大学院生、短期大学生、高等専門学校生に奨学金を提供しています。留学先にもよりますが、最大で月10万円の援助が受けられるなど充実したプログラムです。
　この奨学金を得ることができれば、海外の一流大学の学位を取得することも可能となります。

「フランス政府給費留学生」はフランス大使館が毎年募集している奨学金制度です。対象は大学生で、フランスのトップ大学で自分の希望する専門分野を学ぶことができます。
　募集要件として高度なフランス語は要求されません。でも「英

語」は必須です。フランスの大学では英語で授業を受けるコースがあり、この奨学金を得れば英語とフランス語を同時に身につけることも可能です。

「埼玉発世界行き」奨学金は、埼玉県在住の高校生〜社会人を対象とする給付型奨学金プログラムです。海外ボランティアや海外大学の学位取得をサポートしています。

▶留学費用ゼロでグローバル人材の土台を作る

これら以外にも、各国大使館、地方自治体、民間団体、民間企業などが返済不要の奨学金を支給して海外留学生を支援しています。意欲ある日本人を世界で通用する人材へ育てようという機運が高まっているのです。

このようなチャンスを活かすためにも、子どもの英語教育を真剣に考えてみることは大いに意義があると思います。

海外留学は子どもの英語力を向上させることはもちろん、異文化理解や多様性理解を深めてくれます。さらに欧米的思考スキルやコミュニケーションスキルを鍛え、将来グローバル社会で活躍できる土台を作ってくれるのです。

\ **Review** /

- ✔ 英語力をつければ、無料でさらに英語力を磨くチャンスが増える
- ✔ 海外留学は異文化理解を深め、思考スキルを鍛えられる

メリット 2 中学受験・大学受験で試験が免除される

　2020年の大学入試改革において「英語外部検定利用入試」という制度が導入されます。

　これは英語の試験において英検、TEAP、GTECなど、外部試験のスコアを代替したり、外部試験のスコアに応じて「みなし得点化」できる制度です。簡単に言えば、「英語ができる人は英語試験を免除してあげます」という優遇制度です。

　英語試験の心配がなくなりますから、他の教科に集中できるようになります。

　この制度の恩恵を得るために目標となる英語レベルは「CEFR B2レベル」です。CEFRとは、外国語の学習者の習得状況を示す際に用いられるガイドラインです。欧州評議会が20年以上研究し開発したもので、2001年から公式に活用されています。「CEFR B2レベル」とは具体的には、

・英検準1級以上
・TOEFL iBT 72以上
・IELTS（アカデミック）5.5以上
・GTEC CBT 1190以上
・TEAP（4技能）309以上

です（レベルの内容について詳しくは98ページで）。

40

文部科学省が2015年に実施した英語力調査（全国の高校3年生約9万人が対象）を見ると、**「CEFR B2レベル」を達成している高校生の割合は「読むこと」0.1％、「聞くこと」0.2％、「書くこと」0％というかなり過酷な結果でした**（「話すこと」は約2.2万人を調査し、B2レベルは0％）。

　日本で英語ができる高校生が極めて少ないということは、見方を変えれば、英語で突き抜けるチャンスと言えます。

　すでに外部試験を導入している多くの大学では、上記の「B2レベル」を達成している受験生に対して、**「英語試験免除」「英語満点扱い」「英語加点」などの優遇措置**を与えています。

■ 各資格・検定試験とCEFRとの対照表

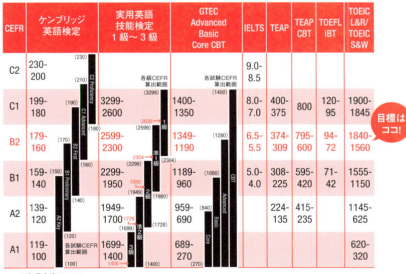

文部科学省（平成30年3月）

第2章　「英語ができる子」が目に見えてトクをする7つのこと　41

▶中学受験で「英語ができる生徒の争奪戦」が始まっている!

　英語で得をするのは大学受験だけではありません。小学5年生で英語が教科化されることによって、中学受験でも「英語入試」が広がります。

　これまで中学受験における「英語入試」は帰国生を対象としていましたが、これからは全ての受験生が対象になります。同時に「英語ができる生徒の争奪戦」が中学受験で始まっています。

　首都圏の国公私立中学約300校のうち、**2014年に「英語入試」を実施した学校は、わずか15校でしたが、2019年には約8倍の125校に増加**しています（出典：首都圏模試センター）。

　それだけではありません。桐朋女子中学校（東京都調布市）は2019年から**「英語1教科」入試**を始めるなど、英語ができる生徒を積極的に取り込む動きが広がり始めています。

　中学校が「英語入試」に目を向け始めた背景には、グローバル教育に力を入れていることを受験生にアピールすることに加えて、2020年の大学入試改革を見越して「英語ができる生徒を多く確保したい」という思惑が見え隠れします。

　先に述べました通り、2020年の大学入試改革によって、英語ができる子どもは大学受験で有利になります。つまり、英語の成績優秀者を優先的に入学させることが「学校の大学進学実績」に直結するわけです。

　英語ができる生徒を囲い込み、トップ大学への進学者数が増えれば、学校の評判も人気も高まるというわけです。

すでに多くの私立中学が「英検2級以上」などの高いレベルの英語力を有する生徒に対して**「奨学金特待生」「授業料免除」**などの奨学金を供与して囲い込みを始めています。

奨学金を供与しない学校でも、「英検3級以上」など、一定レベル以上の実力を持つ受験生に対して**「点数加算」「判定優遇」「学科試験免除」**など、合否決定における優遇措置を与えています。「点数加算」は英語テストで点数を加算してもらえること。「判定優遇」は同点の場合に優遇してもらえること。「学科試験免除」は英語のテストを受けなくても満点扱いしてもらえることです。

2020年改革を前に、英語ができる生徒の「青田刈り」が始まっています。**日本では「英語ができると得をする」**のです。

\ **Review** /

- ✔ **大学受験で英語試験が免除されれば、他の科目に注力できる**
- ✔ **英語入試を実施する国公私立中学はこの5年で急増！**

メリット3 グローバル就職で有利になり、収入が増える

「グローバル就活」という言葉をご存じでしょうか？　グローバル化が進んだ現在、多くの企業が採用対象を世界に広げています。日本企業がアメリカや東南アジアで採用活動を行ったり、外資系企業が優秀なアジア人を世界中からリクルートしたりしているのです。

英語ができると、日本国内の採用でアドバンテージを得るだけでなく、海外採用（あるいは外資系企業の日本採用）のチャンスも広がるのです。

「ボストンキャリアフォーラム」は毎年10〜11月にアメリカのボストンで開催される留学生やバイリンガル学生向けの就職イベントです。

就職イベントといっても実質は「英語ができる学生を採用する場」です。グローバル化を進める日本企業はもちろん、国際プラットフォームで活躍する外資系企業約200社が一堂に集まり、学生のリクルートを行います。

ボストンキャリアフォーラムの３日間で内定が出るのは当たり前。うまく自己アピールできれば、世界トップ企業への就職が即決することも珍しくありません。

英語ができると就職で有利（より良い企業に就職できる）になり、その結果、所得が増えるのです。

「英語ができると所得が増える」という記事が2012年8月9日付

の「THE NATION」誌に掲載されました。EF Education First社が英語力と所得の関連について世界40ヶ国、200万人を対象に分析したところ、英語の熟達率が高い国（人）ほど国民総所得が高いことが分かりました。

　また**「英語力が高い国ほど経済力が高い」**という記事が「ハーバードビジネスレビュー」誌（2013年11月15日付）に掲載されました。

　英語力と経済力を調査したところ、英語力が高いとされた60ヶ国ほぼ全てにおいて、国民総所得と国民総生産の向上が確認できました。ちなみにアジアではシンガポール、香港、マレーシアなどが英語力の高い国です。

　同誌は、その理由を「英語力が高くなると収入が高くなる→政府や個人が英語力をさらに伸ばすために英語教育に投資する→英語力がさらに向上し、収入がさらに上がる」という好循環が生まれているためと分析しています。

\ **Review** /

- ✓ **多くの企業が採用対象を「世界」にしている**
- ✓ **英語ができれば海外採用のチャンスが広がり、所得も増える**

第2章　「英語ができる子」が目に見えてトクをする7つのこと　　45

メリット 4 自分の好き嫌いがわかり、自己実現しやすくなる

　日米の小学生に「What do you want to be when you grow up? ／大人になったら何になりたい？」と聞けば、以下のような答えが返ってくるでしょう。

日本人：「お医者さん！」

アメリカ人："I want to be a doctor because I like to help people."（お医者さんになりたい。人を助けることが好きだから）

　日本的コミュニケーションでは、自分の意見の根拠について「なぜならば」といちいち説明を付け加える習慣がありません。すなわち自分の思考の根拠について深く考える必要がないのです。

　一方、**英語で自分の意思や意見を表明するときは、たとえ子どもでも、「私はこうである、なぜならば～」と、その理由を説明することが求められます。** これは英語でコミュニケーションをとる時の基本ルールです。

　たとえば「将来医者になりたい」のであれば、小学生であろうとも、その理由を述べることが要求されます。もし日本流に「お医者さん」と一言で答えれば、ほぼ100％、周囲から「なんでお医者さんになりたいの？」とその理由を突っ込まれることになります。

46

英語ができるようになると「なぜなのか？」「どうしてなのか？」と自分の思考について理由を考えるクセ、つまり**「自分について深く考える習慣」**を身につけることができるのです。

　これは子どもが将来、自己（アイデンティティ）を確立していく上で極めて重要な訓練となります。自分の好き嫌いや将来のキャリア選択について「なぜ？」と問い続けることで「自分は誰で、何が好きで、将来どうなりたいのか」が分かるようになり、自己実現しやすくなるのです。

　日本の子どもの自己肯定感の低さは、多くのデータが示しています。その原因の1つに、自分のことがよくわからない、つまり自己が確立できていないことがあると私は考えています。自分の良い部分、得意なこと、好きなことが分からないから将来の夢や目標が描けないのです。

　自分が分かるようになると目標設定が明確になり、物事に意欲的に取り組めるようになります。

\ **Review** /

- ✓ 英語を身につける過程で「意見＋理由」を言う習慣が身につく
- ✓ 思考の根拠を考える訓練は、キャリア選択時にも生きる

メリット5 世界で要求される「個人主義的自己表現」が身につく

「What do you want to eat for dinner? ／夕飯は何が食べたい？」
日本人：「うーん。ハンバーグ。やっぱりカレー」
アメリカ人："I want to eat a hamburger because it is yummy."
（ハンバーガーが食べたい。おいしいから）

「Do you like school? ／学校は好きですか？」
日本人：「うーん。好きな時と嫌いな時がある」
アメリカ人："I like school because I enjoy learning math."
（学校は好き。算数の勉強が楽しいから）

英語は「I like 〜」「I want 〜」「I think 〜」というように自分の意思を「私はこうだ！」と最初に主張します。

よく日本語はあいまいで回りくどい言語で、英語は明快でシンプルな言語と言われますが、その理由は日本語と英語が発達してきた社会的、文化的背景の違いによるものです。

集団の調和や上下関係を重視する日本では、自分の意見を「私はこうだ」と主張するよりも「こうかもね」とにごした方がうまくいくのです。日本で断定的な表現をすると「上から目線」「生意気」など、あらゆる批判を周囲から浴びることになってしまいます。

英語を学ぶことで、日本でのみ通用するあいまい（控えめ）な自己表現に加えて、世界で要求される「個人主義的自己表現」を身につけることができるのです。

英語は自己主張がルールですから「私はこれが好き」「私はこうしたい」「私はこう思う」と自分の意思をはっきりと表明しなければなりません。

自己主張をする前提は、自分の好き嫌いを知ることです。

一般に日本人家庭では、子どもの食べる物や身の回りの物を親が選んで与えることが多いと思います。これを**「子どもに選択させる」**ように転換してみてください。

食後のデザート、飲み物、洋服、靴、カバン、文房具などはできるだけ子どもに選ばせましょう。**ポイントは、選ばせた後に「どうしてそれを選んだの？」と質問すること**です。すると「どうしてだろう？」と考える習慣が身につきます。

- ✓ **英語は自己主張がルール**
- ✓ **子どもに選ばせ、その理由を考えさせよう**

第2章 「英語ができる子」が目に見えてトクをする7つのこと　49

メリット **6** ロジカルシンキングが身につく

　ロジカルシンキングは直訳すると「論理思考」であり「筋道を立てて分かりやすく考える」という意味です。

　前述した通り、日本語は主張をあいまいにするのでロジカルに考えにくい言語です。話があちこちに飛躍したり、結論が何だか分からなかったり、誰の主張なのか不明瞭な話をする人がいます。そんな人はあいまい思考が邪魔をして、物事を筋道を立てて分かりやすく伝えることができないのです。

　私は海外で日本人の子どもを指導していますからよく分かりますが、**アメリカの学校に通い始めた日本人の子どもが最初に戸惑うのが、この「あいまい思考」と「ロジカル思考」の違い**です。

　イエス・ノーをはっきり言う、自分の主張を最初に明確にする、自分の考えの根拠を説明するなど、アメリカでは常にロジカルに考え、決断し、ロジカルに伝えることが求められるのです。

　アメリカの学校がロジカルシンキングにうるさい理由は、様々な言葉と文化が混在するグローバル社会では「ロジカルに考え、ロジカルに伝える」コミュニケーションをとらないと、誤解を招いてしまうことが多いからです。

　英語が明快でストレートな言語なのは、自分の考えを押し通すためではなく、**ミスコミュニケーションを減らし、意思決定をスムーズにするため**です。

最近日本の観光地や外国人が多い地域で外国人とのトラブルが増えていますが、その理由の多くは日本人が主張をあいまいにするからです。

　文化、習慣、価値観が異なる相手とコミュニケーションをする時は、「日本の常識だから言わなくても分かるだろう」は通用しないのです。はっきりと言葉にし、相手にも理解できるように筋道を立てて分かりやすく伝えることが必要です。

　英語ができるとロジカル思考を鍛えることができるのです。自分の主張を明確にし、その理由を、主語、動詞、目的語、補語などの文法を意識しながら組み立てていくプロセスは、ロジカルシンキングの訓練として最適です。

▶言葉で伝える技術＝「ランゲージアーツ」とは？

　アメリカの子どもたちは、小学校に上がるとランゲージアーツ（Language Arts）という授業を受けます。ランゲージアーツは英語（国語）の授業なのですが、「English」とは呼ばないのです。なぜだと思いますか？

　「Art／アート」というのは音楽であれ、絵画であれ、造形であれ、ダンスであれ、自分の思いを（何かのツールを通して）「伝えること」です。絵画であれば絵によって思いを伝えます。音楽ならばメロディーによって伝えます。ランゲージアーツとは「言葉で思いを伝える技術」です（Language は「言葉」という意味です）。

　ランゲージアーツの授業で何を教えるのかというと、「聞く」「読む」「話す」「書く」英語の４技能を通して「伝え合う技術」です。日本の国語の授業では「読む」「書く」は指導しますが、「聞く」や「話す」はほとんど教えません。

第2章　「英語ができる子」が目に見えてトクをする7つのこと　　51

また「書く」についても作文を書くだけで、「自分の思いを分かりやすく言葉で伝える技術」については教えてもらうことができません。

　英語は「言葉で伝えること」を重視する言語です。英語を学ぶことによって、言葉の意味や用法に敏感になり、相手に分かりやすく、シンプルに伝える技術を身につけることができます。
　アメリカの小学校でプレゼンテーション、スピーチ、ディベートなど「言葉で伝える技術」を指導するのは、それがグローバル社会で必要なスキルだからです。

　以心伝心、空気を読むなど、日本では相手に察しを求めたコミュニケーションが通用しますが、グローバル社会では「言葉」を使ってコミュニケーションをとらなければ、相手に正しく理解してもらえないことがほとんどです。
　英語を通して「言葉で伝える技術」を高めることが、これからの多様な社会において世界中の人たちと信頼関係を構築するために重要となるのです。

＼ Review ／

✔ **グローバル社会では筋道を立てて主張することが必要**
✔ **英語を通して「言葉で伝える技術」が身につく**

メリット7 コミュニケーションスキルが向上する

　バイリンガルの人は、日本語を話す時と英語を話す時とで、表情やジェスチャーが変わります。日本語を話す時は控えめな表現をする人でも、英語を話す時にはガラリと感情表現が豊かになり、ジェスチャーが大げさになります。

　バイリンガルの人は相手に応じて、言葉だけでなく、コミュニケーションスタイルも切り替えているのです。

　英語は「言語情報」に「非言語情報」を伴わせることで、より分かりやすく相手に思いを伝えようとする言語なのです。

　映画やドラマで俳優を観察すると、表情が豊かでジェスチャーが大げさなことが分かります。その映画やドラマを見る人の人種、言語、文化、国籍にかかわらず、誰が見ても意味が伝わるように「非言語情報」をわざと大げさに表現しているのです。

　たとえば、暗い表情でボソッと「I'm happy ／私は嬉しい」と言っても、見ている人には嬉しいのか、嬉しくないのかよく分かりません。嬉しい時は満面の笑みを浮かべて、高めのピッチで「I'm happy」と言えば「嬉しい」メッセージが伝わります。

　同じように、疲れている時は疲れた表情で肩を落として「I'm tired」と言えば、100％「疲れている」メッセージが伝わるのです。

　英語を学ぶ過程において、言語と非言語、2つのコミュニケーションスキルを駆使して効果的に伝える技術を身につけることができます。

第2章　「英語ができる子」が目に見えてトクをする7つのこと　　53

▶日本人の子どもはコミュニケーションスキルが未熟

　私は世界中の子どもたちを指導してきましたが、一般的に、日本人の子どもは言語・非言語、どちらのコミュニケーションスキルも未熟です。**初対面の人、異性の人、年上の人、人種が異なる人と会話をする時、どう振る舞ったら良いのか分からない**のです。

　日本国内にいると分かりづらいのですが、外国に行けば日本人のコミュニケーション下手は一目瞭然です。

　コミュニケーション力は「他者と信頼関係を築く力」であり、子どもが自立し、豊かな社会生活を送る上で欠かせないものです。それにもかかわらず苦手な子どもが多いのは、ほぼ単一文化である日本ではコミュニケーションの重要性について認知度が低く、コミュニケーションスキルを子どもに教えることがないからでしょう。

▶笑顔であいさつ、名前を呼ぶ、相づちを打つなど訓練しよう

　欧米の子どもたちは家庭や学校でコミュニケーションの訓練を受けて育ちます。

　前項でご説明したように、「言語面」においてはロジカルに伝える技術を学び、「非言語面」においては笑顔であいさつする、相手の目を見て話す、相手の名前を呼ぶ、人の話を最後まで聞く、相づちを打ちながら聞く、身振り手振りを加えて話すなど、コミュニケーションを円滑にする方法を教わっているのです。

　アメリカのある小学校では、入学したてのピカピカの１年生

が、毎朝交代で学校の入り口に立ち、登校してくる全生徒に自己紹介することを義務づけています。

　まだ6歳の幼い子どもが、同級生や上級生や先生と「はじめまして、私はジャックです」と握手やハグしてあいさつをするのです。同級生に自分を知ってもらう目的もありますが、それ以上にコミュニケーションの基本を体験させることがねらいです。

　コミュニケーションはスキル（技術）ですから、訓練すれば上達するのです。

　これから先、グローバル化が進む日本では、世界標準のコミュニケーションスキルが要求されます。たとえば「笑顔であいさつ」は「私は安全な人間です」というサインであり、世界中の人に対して通用します。

　欧米流のコミュニケーションスキルを日本語で実践するのは少し照れますが、英語学習の一部であれば、子どもたちは芝居感覚で楽しみながら身につけていくことができます。

＼ **Review** ／

- ✓ **英語は表情やジェスチャーも含めて伝えようとする言語**
- ✓ **世界標準のコミュニケーションスキルは英語と同時に身につけられる**

第2章　「英語ができる子」が目に見えてトクをする7つのこと　　**55**

第 **3** 章

日本の
子ども英語教育、
よくある7つの間違い

間違い 1 ×「読み書きより英会話が大事」
→ **学習英語が
できなくなってしまう**

　子どもへの英語教育を考える時、多くの人は「英会話」を思い浮かべると思います。英語の読み書き（＆文法）は学校で勉強するから習わせる必要はない。それよりも日本人が苦手な「英会話」を子どもに習わせるべきだ、という考えです。

　実はこの**「英語教育＝英会話」という思い込みが、日本人の英語力を停滞させている原因の1つ**であると私は考えています。

　子どもは、大人に比べて英語を聞き取る力や正確な発音を身につける言語吸収能力が高く、スムーズに英会話を身につけることができるのは事実です。

　しかし子どもの優れた言語能力を「英会話だけ」に使うのはもったいない！　というのが私の考えです。

　私は子どもの言語吸収能力を**「英語のリーディング力育成」に活用すべき**であると考え、歌やチャンツを通して英語の読み書きを学ぶプログラムを構築しました。このプログラムを私の英語学校で実践したところ、たちまち子どもたちのリーディング力が上達し、それに比例して英語の他の技能（話す、聞く、書く）も向上したのです。

　子どもの豊かな言語吸収能力をリーディング力へ結びつけることで、日本人の子どもも英語の本が流暢なネイティブ発音で読めるようになります。英語の本が読めるようになれば、日本にいながら、自力で英語力を限りなく向上させていくことができるのです。

子どもの英語教育を成功させるには、「英会話バイアス」から脱却し「リーディング力の育成」へと英語学習の重点を転換することが必要です。

「リーディング力の育成」をゴールに据え、言語吸収能力の著しい幼児期から小学校時代に適切な指導を与えれば、必ずどの子も、高度な英語力を達成することができるのです。

▶「英会話」では英語が身につかない2つの理由

現在、子どもを「英会話」に通わせている方は多いと思います。確かに子ども時代に外国人と触れ合う経験は、異文化理解を促進し、外国や英語に興味を持つきっかけとなるかもしれません。しかし残念ながら、英会話（だけ）では高度な英語力を達成することはできません。その理由は大きく2つあります。

1つは、学習時間が少なすぎること。週1回、1時間の英会話レッスンを受けていても英語は身につきません。後述しますが、英語習得の目安となる学習時間は「学校の勉強プラス1000時間」です。週に1時間、英会話に通ってプラス1000時間を達成するには20年近くかかってしまい、現実的ではありません。

もう1つは、日常的に英語を使うことがない日本で「会話中心」の学習は現実的でないこと。

フィリピン、シンガポール、マレーシアのように、身近に英語を使う環境があれば「英会話」の実践練習を重ねることが可能です。しかし日本で英会話を覚えても、実践する場がありませんから、技能が定着しないのです。

第3章　日本の子ども英語教育、よくある7つの間違い　59

では日本で英語を身につけるにはどうしたらいいのかと言えば、やはり「英語のリーディング力の育成」がベストな方法なのです。英語の本が読めるようになれば、目標のプラス1000時間を自主学習で達成できるのです。

　これは、英語力向上に成功した韓国の事例からも裏付けられます。英語力の獲得に成功した韓国人は「英会話学校」でなく「英語学院」に通ったのです。英語学院は、英語「を」勉強する場ではありません。英語「で」読解技術、書く技術、さらに大学レベルの学術的な知識を学ぶ場所です。

　日本人も英会話から脱却し、読み書きに重点を置いた学習英語を目指せば、英語力を向上させることができるはずです。

▶英語が話せても授業についていけないタロウ君

　ハワイで生まれ育ったタロウ君。両親は日本人です。家庭では日本語を話し、プリスクールでは英語を話す2言語環境で育ちました。小学校に上がる6歳頃には、日本語と英語を「話す」バイリンガルに成長しました。

　そんなタロウ君がハワイの小学校に通い始めて1ヶ月ほど経ったある日、担任の先生からお母さんに電話がありました。
「タロウ君は、英語力が弱いので授業についていけません。放課後に家庭教師をつけて補習を受けることはできませんか？」
　お母さんはびっくりして反論します。
「タロウは英語ぺらぺらですよ。なぜ授業についていけないのですか？」
　先生は答えました。
「英語の会話力は問題ありません。でも、英語の読み書きの力が足りないのです」

お母さんは呆然としてしまいました。英語が流暢に「話せる」タロウ君を見て、学校の授業にも問題なくついていけるだろうと「思い込んでいた」のです。

英語力には「生活英語力」と「学習英語力」があります。生活英語力は日常生活で必要な英会話力。学校で要求される英語力は、本や教科書を読み解く力や自分の意見を文章で表現する力、すなわち「読み書き」をベースとした「学習英語力」です。

いくら英語が流暢に話せても、学習英語が身についていなければ、授業についていくことも、家庭で宿題や課題を自力でこなすこともできないのです。

英会話力と学習英語力の発達は、明確に分けて考えなければいけません。

英語が流暢に話せるから学校の勉強もできるようになるだろうというのは、海外で生活する日本人の保護者に多い「思い込み」です。

アメリカで生まれ育ち、アメリカの学校に通えば誰でも英語を話せるようになります。しかし全ての子どもが勉強が得意になるわけではありません。

「勉強ができる子」になるには、親のサポートや子ども自身の努力によって「学習英語力」を習得する必要があるのです。

▶舞台を日本に置き換えて考えてみよう

グローバル化の進行に伴い、日本の学校にも外国人生徒が増えました。しかし彼らの多くが学業で苦労しています。学力を獲得していく土台となる、日本語を「読む力」と「書く力」が足りないから、授業についていけないのです。

もちろん国語の授業では「日本語の読み書き」を教えてもらえ

第 3 章　日本の子ども英語教育、よくある7つの間違い　　61

ます。しかし、元々日本語力が弱い子が（日本人向けの）国語の授業だけで満足な学習日本語力を身につけられることは稀なのです。

外国人生徒の両親は日本語が話せない人が多く、家庭で日本語を教えることができません。日本人家庭であれば、子どもが小学校に上がる前に、ひらがなや漢字を教えたり、本読みをサポートできますが、外国人家庭ではそれができません。

家庭でのサポートが不足すると、読み書きの習得が遅れ、授業で苦労するようになり、勉強嫌い（学校嫌い）になっていきます。

これと同じことが日本の英語教育でも起きているのです。**学習英語の入り口である「英語の読み書き」訓練が足りていない**のです。

その結果、英語が上手く読めない→上手く読めないから内容理解が伴わない→内容が理解できないから英語力が向上しない→自分には英語はムリ！　と英語嫌いになる、という負のスパイラルに陥っている生徒が驚くほどたくさんいます。

日本人の英語力を向上させるには、英語の読み書き、特にリーディングを集中指導して、英語の教科書や本がスラスラ読めるようにすることが近道です。

現在子どもを英会話に通わせている家庭では、ぜひ英語のリーディングをサポートしてください。子どもの優れた言語吸収能力を英会話で終わらせず、学習英語へつなげていくことで英語は身につくということを知ってください。

\ **Review** /

✓ 英会話だけでは高度な英語は身につかない
✓ 子どもの優れた英語習得能力を「読み書き」に活用する
✓ アカデミック英語をゴールに、家庭でサポートする

英語の「リーディング力」とは

英語圏では、子どものリーディング力を

1 ▶ 1分間に何文字読めるか
2 ▶ 読みミスが何文字あるか
3 ▶ 内容理解はどの程度か

の3点で診断します。詳細は省きますが、以上の3点をベースに読む本の量や難易度を決定します。

　本書で言う「リーディング力」とは、上記の3点を満たした状態。すなわち（ネイティブ向けの）年齢相当レベルの英語の本を、ネイティブと同じスピードで、内容理解を伴いながら読める力です。**読書スピードと内容理解の両方を伴う**ことがポイントです。

　日本の学校英語や英語テストで求められる長文読解、語彙力、文法力、構文力などの一段上にある力だと理解してください。ネイティブ向けの児童書をスラスラと読み解けるリーディング力が身につけば、**日本国内の大学受験や英語試験は、何ら試験対策をしなくても、ほぼ100点満点で突破**することができます。

　日本の学校教育では「部分から全体へ」という積み上げ方式で英語の知識（単語力、文法、解釈）を指導していきますが、リーディング学習は「全体から部分へ」というイメージです。細かい知識や技能を積み上げることは省略して、英語の本を読む訓練に集中します。

　英語の本が読めるようになれば、英語を構成する部分である、リスニング、スピーキング、ライティング、ボキャブラリー、グラマーなどのすべての力が身につくのです。

第3章　日本の子ども英語教育、よくある7つの間違い　63

間違い 2 ✕ 「6歳を過ぎたら英語は身につかない」
→ リーディング力をつけておけば大丈夫！

　海外赴任などで英語圏に移り住んだ時、家族の中で誰よりも早く英語（英会話）を身につけるのは年齢の一番低い子です。両親よりも、お兄ちゃんやお姉ちゃんよりも、3歳児の方が労せずして英語を身につけることができます。現地のプリスクールに通えば1〜2年で日常英会話ができるようになります。

　年齢の低い子どもほど環境適応能力（言語吸収能力）が高く、スムーズに、そしてストレスが少なく、異なる言葉を受け入れることができます。こと「英会話」については年齢が小さいほど有利なのです。

　しかしその一方で、幼児期に苦労せず身につけた「英会話力」というのは、環境が変わり、英語を使わなくなると、忘れてしまうのも早いというデメリットがあるのです。

▶3歳の弟は英語を忘れ、6歳の姉が英語力を伸ばした理由

　父親の仕事に伴って3〜5歳まで丸3年間をアメリカで過ごしたカイト君。アメリカのプリスクールに通っていた時は英語ペラペラで、自分をアメリカ人だと思っていたそうです。カイト君は帰国後に日本の小学校に通い始めました。するとあれだけ得意だった英語をすっかり忘れてしまったというのです。

　カイト君には3つ年上の姉（渡米時6歳）がいました。お姉ちゃんは日本に帰ってからも英語を忘れることがありませんでし

た。忘れるどころか日本でも（インターナショナルスクールに通うことなく）英語力を伸ばし、受験や就職でも英語を武器に成功を勝ち取ったというのです。

一体、2人の間にどのような「違い」があったのでしょうか？

その答えは、「リーディング」です。お姉ちゃんはアメリカの小学校で「英語のリーディング」を身につけていたのです。日本に帰国する時には、英語の本が1人で読めるようになっていました。そして帰国後も読書を継続することで、自主学習で英語力を伸ばしていったのです。

英語の読書には、英語を話す力、聞く力、理解する力、思考する力など、英語力全体を向上させる働きがあるのです。

▶英語教育の臨界期は何歳？

「英会話力」は、年齢が低い子どもほど苦労なく、短期間で身につけることができます。早期英語教育に大きな効果があることは私の経験からも明らかです。

しかし、「早期英語教育をすれば英語が身につく」というのは迷信です。**肝心なのは、早期英語教育で培った「会話力」を「学習英語」へとつなげていくこと**です。

早期英語教育を実践している人の多くがこのことを知らず、小学生になってからも「会話中心」の英語に終始しています。

いくら豊かな会話力を身につけても、学習英語へとつなげていかなければ、年齢とともに、会話力も英語学習に対するモチベーションも必ず下がってしまうのです。

英語のことわざ「Use it or lose it.（使わなければ無駄になる）」を心に留め置くことが大切です。

第3章　日本の子ども英語教育、よくある7つの間違い　65

では、いつ学習英語教育をスタートするべきなのでしょうか？

アカデミック英語の入り口は「リーディング」です。そしてリーディングをスタートする最適期は４歳〜８歳です。

英語圏ではリーディング学習はキンダーガーテン（４〜５歳）から始めるのが一般的です。そして小学３年生（８歳）頃までに基礎的な学習英語（読み書き）を身につけ、さらに高度な英語力（クリティカルリーディングやエッセイライティング）へとレベルアップしていきます。

英語のリーディング学習は４歳以前の子どもに対しても不可能ではありません。しかし英語の文字指導法である「Phonics ／フォニックス」はルールが複雑で、例外が多く、４歳以前の幼い子どもには難度が高い（論理的すぎる）と考えられています（フォニックス指導については第５章で詳しく説明します）。

では反対に８歳を過ぎたらリーディング学習は手遅れか？　というと、そんなことはありません。**英語のリーディング力は何歳でも身につけることが可能です。**事実、中学で英語を始めて、アメリカの大学レベルの英語力を身につけたという人はたくさんいます。

私自身、英語は中学からのスタートでしたが、リーディング学習のおかげで現在はビジネスレベルの英語力を獲得しています。

▶年齢により、「何を学習するか」は変わる

英語学習はスタートする年齢よりも、何を学習するかが重要です。年齢ごとにやるべきことは第５〜６章で詳しく書きますので、ここでは簡単に触れます。

まず、０〜３歳の乳幼児期の子どもであれば、英語の音やリズ

ムに慣れさせるためのインプット中心の学習（無意識を応用した かけ流し学習）が最も効果があります。

4〜5歳からはインプットに加えて、読み書き中心のアウトプット学習を導入することで高い成果が期待できます。

6歳を過ぎてから英語に触れるのであれば、インプットとアウトプットを同時に学習する方法がベストです。

英語のリーディング力は何歳でも身につけることができますが、学年が上がるにつれ、正確な発音や英語的思考の習得が難しくなることは含み置いてください。個人差はありますが、一般に小学校高学年になると、日本語の発音と日本的思考が定着し、英語の発音と思考を邪魔するようになります。

発音にこだわるのであれば、小学校低学年のうちに英語学習をスタートすることが理想です。

▶「日本語での読書力育成」が英語力獲得の近道

学習英語を身につける上で大切なポイントが「読書力」です。私は、日本、アメリカ、中国で英語教育に関わってきましたが、**国籍や人種にかかわらず、高度な英語力を獲得したバイリンガルの共通点は、「母国語で高い読書力」を持っていることです。**

遠回りに思うかもしれませんが、高度な英語力を獲得する近道は「日本語の読書力を育てること」です。日本語で本好きに育てば英語でも本好きに育ち、日本語で読解力が高ければ英語でも読解力を発揮するようになります。

家庭では日本語の読書教育（読み聞かせ）を実践してください。読み聞かせは子どもを本好きに育てることはもちろん、想像力を働かせて理解する力＝読解力を育ててくれます。このイメージ化の訓練が足りないと、文字を読めるようになっても理解が伴

第3章　日本の子ども英語教育、よくある7つの間違い　　67

わず、本の世界を楽しむことができません。

アメリカ国立小児保健・人間発達研究所（NICHD ＝ National Institute of Child Health and Human Development）は、小学校までに1000時間＝1日30分の読み聞かせを推奨しています。**毎日30分の読み聞かせが、子どもの学習言語の習得を促進します。**

本嫌いの子どもに共通するのが「読むのが面倒くさい」という理由です。これは活字への抵抗感が大きいことが原因です。

日本語で培った読書力は英語にも応用されます。家庭における小さな努力の積み重ねが、将来の子どもの英語力へと発展していくのです。

\ **Review** /

- ✓ 英語力を定着させるには「学習英語」の習得が不可欠
- ✓ 学習英語は何歳からでも身につけられる
- ✓ 早く始めることより、学習内容が子どもの年齢に合っているかが重要
- ✓ 学習英語を身につけさせる近道は「日本語の本」を好きにさせること

間違い **3**

× 「英語の早期教育で、日本語がヘンになる」

→ 日本で暮らしていれば、まず問題ない

「英語よりも、思考の土台である日本語を育てることが大切！」
「日本語が定着していない子どもに英語を教えると、日本語も英語もあやしくなる！」

英語教育の早期化が進む中で、早期英語教育に対する否定的な意見や不安を多く耳にするようになりました。私は長らく早期英語教育にも関わっていますから、母国語である日本語をしっかり育てることの大切さ、日本語の読書力を育てることの重要性については100％同感です。

しかし早期英語教育を行ったから日本語の発達が悪くなるというのは乱暴な話です。

日常的に日本語しか使わない日本で、毎日数時間の英語教育を行ったからといって、日本語がおかしくなるという事態はまず起こりません。両親がごく普通に日本語で話しかけ、日本語の読み聞かせを実践し、日本語のメディアに触れさせ、周囲の子どもたちと遊ぶ環境を与えていれば、子どもは自然に日本語を身につけます。

日本語がおかしくなる可能性があるとすれば、極端な英語環境に、言葉が発展途上の子どもを浸す場合です。

たとえば、両親が日本人なのに英語だけで話しかけたり、朝から晩まで英語メディアを見せて英語漬けにしたり、英語ネイティブのベビーシッターに1日中預けたり、英語オンリーのプリスクールに長時間預けたりするケース。

また、海外赴任中の人は、この機会に子どもをバイリンガルに

させようと焦り、現地のプリスクールや習い事に通わせるなど日本語に触れる時間が極端に少なくなる場合があります。

　日本語発達がままならない子どもを強い英語環境に浸せば、日本語のインプットが不足しますから、日本語の発達が悪くなる可能性があります。

　英語教育をする・しないにかかわらず、**子どもの健全な発達にとって重要なことは、親が子どもと「コミュニケーションを豊富にとること」**です。

　子どもに英語を身につけさせたい、バイリンガルに育てたいという場合でも、**原則、子どもとは日本語で接してください**。日本語で語りかけ、歌いかけ、読み聞かせをして、雑談をしていれば、子どもは日本語を早期に身につけることができます。

　日本語でコミュニケーションがとれるようになれば、英語教育を施しても、言語発達の問題はまず起こりません。

▶セミリンガル問題、ダブルリミテッド問題

「アメリカで暮らす日本人の子どもは、自然とバイリンガルになる」と思っている方が多いのですが、バイリンガル教育はそんなに簡単なものではありません。

　英語環境が圧倒的に強いアメリカにおいて、家庭で子どもへの日本語の働きかけが不足すると、日本語の発音がおかしくなったり、日本語を忘れてしまったり、学齢期になって（英語の）学習活動に支障をきたすことがあります。

　日本人の間で「セミリンガル」や「ダブルリミテッド」と呼ばれるこの現象は、言語形成期の子どもが、母語習得の機会が少ないまま強い外国語環境に置かれることによって起こります。

海外でのバイリンガル教育を成功させる秘訣は「6歳までに日本語を強固に育てること」です。なぜ6歳かといえば、6歳から現地の小学校に通うからです。小学校入学までに、日本語力を強固に育てることができれば、子どもが強い英語環境に置かれても、日本語力を失う心配はありません。

子どもの日本語を育てると言っても「教科書を使って日本語を教え込む」わけではありません。まずは日本語で気持ちや意見を伝え合える良好な親子関係を築くことです。

親子の楽しい遊び、触れ合い、雑談などを通して、日本語でしっかりと気持ちを「伝え合える関係」を作ることが、日本語を強固に育てる入り口です。

日本の小学生を対象にしたある調査によると、「親子で十分に対話している」という質問に、親の65%がイエスと答えたのに対して、イエスと答えた子どもは35%でした。親は十分にコミュニケーションをとっているつもりでも、子どもはそう思っていないのです。

私はアメリカで、日本語が弱い日本人生徒をたくさん見てきました。日本語が十分に育たないと親子のコミュニケーションが断絶し、親子関係がぎくしゃくします。すると学習面で遅れが目立つようになったり、素行が悪くなったり、青年期になって「アイデンティティ形成」で苦労したりするなど様々な問題を引き起こすのです。

▶英語力の土台である「日本語力」を伸ばす方法

子どもの思考の土台となるのは母国語＝日本語です。大切な日本語なのですが、ほぼ単一言語国家である日本で生活している

と、その重要性が見落とされがちです。大抵の子どもは自然に日本語を「話せる」ようになりますから、家庭で日本語を教える必要はないと思ってしまうのです。

その結果、読書教育が疎かになり、学校の勉強（学習日本語）で苦労することにつながります。

日本語の読書力を育てるには**「読み聞かせ」**で本に親しませることに加えて**「文字環境作り」**を家庭で実践することが大切です。**ひらがなチャートを壁に貼ったり、文字カード、文字ブロック、文字マグネットなどを買い与えて遊ばせたり**ということです。日本語は文字と音が１対１対応なので、２歳児でも遊び感覚で覚えることができるのです。

文字は「ひらがな」から教えます。ひらがなチャートの文字を指差しながら「あ、い、う、え、お」と１文字ずつ読んであげます。ひらがな五十音の歌を歌ったり、文字カードで家族の名前を作ったり、カード取りをして遊んだり、親子で楽しみながら文字に親しむことが子どもの読書力へとつながっていきます。

文字を教える時の注意は、テストをしないこと。**「これはなんて読む?」「この字が読める?」など、テストをするのはやめましょう。**子どもはプライドが高いので、間違えることが大嫌いなのです。

テストをすると文字学習に対して拒否反応を示すようになるので注意してください。あくまでも親子の楽しい遊びの延長として文字と親しむことが大切です。

毎日欠かさず絵本の読み聞かせをし、親子で文字に親しんでいると、特に教え込まなくても、子どもは文字が読めるようになります。文字が読めるようになると、ごく自然に「自分で本を読み

たい」という意欲が生まれてきます。このタイミングを待つことが、日本語の読書力を育てる重要なポイントです。

▶2つの言語を同時に与えても混乱しない

「幼い子どもに日本語と英語を同時に与えると混乱するのでは？」と心配する方がいます。結論から言えば、日本語と英語を同時に教えても何ら問題はありません。

　母親が日本人、父親がアメリカ人という国際結婚家庭でしたら、母親は日本語オンリー、父親は英語オンリーで話しかけ、絵本の読み聞かせをすれば、子どもは両言語とも母語レベルで扱える高度なバイリンガルに育ちます。

　バイリンガルの人は、頭の中に日本語と英語、2つのコップを持っていると想像してください。日本語のコップに言葉が溜まると、日本語がコップからあふれ出てくる。さらに英語のコップに英語が溜まると英語があふれ出てきます。2つのコップは独立していますから言葉が混ざることはないのです。

２つのコップを満たすには、それぞれの言葉で（大量に）インプットを行うことが必要です。日本語と英語を混ぜて教えたり、英語を日本語に翻訳させたりすると、それぞれのコップに言語情報が効率的に溜まりません。

ポイントは、英語を教える場合は英語オンリーで、日本語を教える場合は日本語オンリーでインプットすることです。

まれに日本語と英語をミックスして話す子どもがいますが、それは頭が混乱しているのでなく、１つのコップに日本語と英語が混ざっているのです。

親がミックス言葉で話しかけたり、英語を日本語に翻訳させたりすると、２つの言葉が１つのコップに溜まってしまいます。英語は英語だけ、日本語は日本語だけでインプットすることが言葉のコップを効率的に満たすコツです。

「子どもが英語を話さない」という相談を受けますが、それはコップに言葉がたまっていないからです。英語のインプットを増やせば、必ずコップが満たされ、英語が出てくるようになります。

\ **Review** /

- ✓ 日本で早期英語教育をしても日本語発達への影響は少ない
- ✓ 海外で育てると日本語の発達が悪くなるケースがある
- ✓ 日本語の読書力が、英語力の発達に影響する
- ✓ 日本語と英語、バランスのとれたインプットを心がける

間違い4

×「ティーンエイジャーになったら手遅れ」
→ 高度な英語力を身につける方法が2つある

「ティーンエイジャーの子どもに英語は手遅れですか？」という相談を受けることがあります。

年齢を重ねるにつれ、日本語の発音と日本的思考が固定化するので、英語の発音や英語思考への切り替えが難しくなることに事実です。でもご安心ください！　中高生でも、高度な英語力を身につける方法が（私の経験では）2つあります。

1つは繰り返しご紹介している通り**「リーディング力」を習得すること**。これについては、第5章で実践法を含め、たっぷりご紹介していきます。

もう1つの方法が、**「コミュニケーション力」を鍛えること**です。

▶中1から英語を習い始めたトモヤ君が、英語力をメキメキ伸ばした理由

都内の中高一貫校に通うトモヤ君は、中学3年生から2年間、アメリカに留学しました。

トモヤ君が英語を本格的に習い始めたのは中学1年生からです。英語は嫌いでないが好きでもない、成績も普通でしたが、両親の熱心な勧めと、学校生活に物足りなさを感じていたこと、アメリカに何となくあこがれを抱いていたことが相まって、留学にチャレンジすることを決意したのです。

英語が得意ではなかったトモヤ君ですが、なんと留学して1年

も経たないうちに日常会話を難なくこなすようになり、学業にもついていけるようになり、さらにクラスメートからクラスプレジデント（学年生徒会長）に推薦されるなど、アメリカの学校で人気者になったというのです！

　トモヤ君は一体どんな魔法を使ったのでしょうか？

　トモヤ君は日本で演劇を学んでいたのです。幼児の頃から歌、ダンス、演技の訓練を通して、高いコミュニケーション力を身につけていました。

　また舞台経験も豊富で、台詞を覚えたり、声色や表情やしぐさを真似たり、ジェスチャーを駆使して伝えたり、その場の雰囲気から空気を察知したりする能力が人一倍高かったのです。演劇で培ったコミュニケーションスキルが、英語習得と異文化適応を促進しました。

　さらに舞台で培った度胸と目立ちたがり屋精神を大いに発揮してクラスの人気者になり、友だちとのコミュニケーションを通して英語力をメキメキ伸ばしていったのです。

▶コミュニケーション上手に育てる

　トモヤ君のように、ティーンエイジャーになってから英語を身につけるポイントは「コミュニケーション」です。

　ここで言う「コミュニケーション」とは、あらかじめ決められた会話を練習する「英会話」のことではありません。**言葉や文化の壁を越えて、世界中の人たちと仲良くなる力、打ち解ける力、信頼関係を築く力**のことです。

　皆さんの周りにも、誰とでもすぐに打ち解けられる人がいると思います。そのような人は誰もがおしゃべり上手で、話が面白い

かといえば、そんなことはありません。コミュニケーション能力が高い人というのは、親しみやすさや愛嬌の演出が上手い人、人と共感する能力が高い人なのです。

多くの日本人が「英語で話す場面」に直面すると、コミュニケーションのルールを忘れてしまい、100%「言語情報」に頼って意思疎通しようとします。相手の言葉を一言一句もらさず聞き取り、自分の言いたいことを文法的に正しい英語で表現しようとします。

コミュニケーションが上手い人は、相手が外国人であっても「非言語情報」、すなわち「相手と共感すること」に意識を向けています。

相手の様子や表情から何を伝えようとしているのかを推察したり、その場の状況から会話内容を想像したりする能力に長けているのです。また自分の気持ちや思いを、アイコンタクト、表情、ボディランゲージなどの非言語情報を駆使して「伝える」ことも上手いのです。

日本の家庭や教育現場ではコミュニケーションの仕方を「教える」ことは少ないですが、いくら英語の知識を教え込んでも、コミュニケーション力が育っていなければ宝の持ち腐れです。

子どもに本当に使える英語力を身につけさせたければ、コミュニケーションの育成に目を向けることが大切です。

▶アメリカでは家庭や学校で、コミュニケーション法を「教える」

コミュニケーションは言葉や文化の壁を乗り越える万能ツールです。

コミュニケーション力が高い人は、世界中のどこに住んでも、

すぐに友だちを作ることができます。友だちができれば外国語を使う機会が増えますし、言葉の意味や文化や習慣で分からないことがあれば気軽に聞くことができますから、短期間で外国語が上達するのです。

コミュニケーション力は持って生まれた資質（性格）と思っている方が多いと思います。しかし、**コミュニケーションは「スキル」であり、学べば誰でも身につけることができる**のです。

反対に言えば、いくら社交的な性格の人でも、コミュニケーションの方法を間違えると、人間関係で失敗することが多くなります。

ほぼ単一民族（単一言語）国家である日本では、コミュニケーションの重要性があまり認識されておらず、家庭でも学校でも、コミュニケーションの方法を子どもに教えることがありません。その結果、誰もが手探りや人真似でコミュニケーションをしている状態なのです。

日本で友だち関係や異性関係で苦労する若者が多い理由の１つは、コミュニケーションの方法をきちんと教わっていないからではないでしょうか。

相手の目を見て話さない、イエス・ノーをはっきり言わない、感情を表に出さない、小さな声でボソボソ話す、ジェスチャーを使わない、明確な表現を避けるなど、相手にとって分かりづらい、伝わりづらい表現がまかり通ります。

控えめなのは日本人の美徳であり素晴らしい伝統なのですが、多様な人との関わりが求められるグローバル社会では、相手に分かりやすく、伝わりやすい「コミュニケーション力」を備えておくことが必要なのです。

アメリカのようにグローバル化が進んだ社会では、家庭、学

校、地域社会において大人が子どもにコミュニケーションを教えるのが当たり前です。相手の目を見て話をする。話を最後まで聞く。笑顔であいさつする。「ありがとう」「ごめんなさい」「お願いします」をきちんと言う。イエス・ノーを明確にするなど、多様な人とのコミュニケーションを円滑にする基本を教わっているのです。

▶演劇（歌、ダンス）は英語修得を加速させる

　先ほど留学で英語力をメキメキ伸ばしたトモヤ君を紹介しました。みなさんは「演劇」にどのような印象を持っているでしょうか？「文化部の代表」「地味」「個性的な人の集団」など、あまり良い印象を抱かない方が多いかと思います。

　日本では社会的認知度も地位もイマイチな「演劇」ですが、欧米では学校のカリキュラムに組み込まれるなど、幅広く教育に活用されています。

　イギリスでは「演劇」が必修化されている学校が多くあります。また課外活動としても人気が高く、ほとんどの子どもが大なり小なり「演劇」を経験しています。

　アメリカでも演劇（シアターやドラマ）はスポーツと並んで人気が高い課外活動です。中学・高校では演劇部に入部するために歌やダンスのオーディションがあり、数少ない役を巡って熾烈な競争が繰り広げられるのです。

　欧米の学校で「演劇」が重視されている理由は、「コミュニケーション力」を高めてくれるからです。「演劇」を習うことによって、伝わりやすい発声・発音方法、伝わりやすい表情の作り方、伝わりやすいしぐさやジェスチャーなど、コミュニケーショ

第3章　日本の子ども英語教育、よくある7つの間違い　　79

ン力を豊かにすることができるのです。

　私は25年以上英語教育に携わっていますが、稀に英語を超特急で身につける人に出会うことがあります。そんな語学の達人の多くは「演劇経験者」なのです。

　ハリウッドで活躍する俳優の渡辺謙さんが英語を身につけたのは、『ラストサムライ』に出演した40代前半の時だそうです。それ以前は全く英語ができなかったにもかかわらず、たった５ヶ月で、英語でインタビューに対応できるまで上達しました。渡辺謙さんは「五感をフル活用して」英語を身につけたそうです。

　同じくハリウッド俳優の真田広之さん。やはり大人になってから英語を本格的に習い始めました。真田広之さんはイギリス英語を完璧にコピーするなど「発音の良さ」で知られています。真田さんはあるインタビューで、自身の英語学習法について次のように語っています。

「作品ごとに求められるレベルやアクセントが全部違うんですよね。ですから、毎日毎日受験生という感じで。車の中だろうが、トイレの中だろうが、繰り返しセリフを言っていました」

　英語力向上にはコミュニケーション力を伸ばすこと、具体的には「演劇の練習が効果的！」、このことをぜひ覚えておいてください。

\ **Review** /

- ✔ ティーンエイジャーになっても英語は身につく
- ✔ 英語が短期間で身につく人はコミュニケーション上手
- ✔ コミュニケーションは技術であり、練習で上達できる
- ✔ コミュニケーション力を鍛えるベストな方法は演劇

間違い5 ×「これはapple、リンゴよ」と訳して教える
→ 英語の思考回路が閉じてしまう

　日本の学校教育では、英語を日本語に訳して理解する「文法訳読法」が長らく取り入れられてきました。単語の意味を覚え、文法ルールに則って英語を日本語に翻訳して理解する。生の英語に触れることができなかった時代は、この方法でなければ英語を学ぶことができませんでした。

　しかし、現代はインターネットでいくらでも生きた英語に触れることができます。また英語話者とコミュニケーションするチャンスも多くあります。時代の変化に応じて英語の指導方法も変えていかなければなりません。

　私は、小学生までの英語学習は「文法訳読法」よりも英語を英語で学ぶ「直接法」が効果的だと考えています。事実、私の学校では、英語を全く話せない生徒であってもネイティブ講師が英語オンリーで教えますが、それでも子どもは理解できるようになるのです。

　日本語思考が固定していない年齢の子どもは、「英語を英語のまま理解する＝英語の思考回路」を短期間で構築できるのです。

　これは、相手の言いたいことを全体イメージから理解しようとする頭の働きです。英語を英語のまま理解できるのですから、わざわざ効率の悪い「文法訳読法」を教え込む必要はありません。

　一般にティーンエイジャー以上になると「日本語で理解しよう」とする頭の働きが強くなります。その場合は、基本単語や文

法ルールなどを「日本語で」教えておくほうが学習の入り口はスムーズです。

しかし、英語の難易度が上がるにつれ「文法訳読法」の効率は下がっていきます。スピードの速い会話を理解したり、分厚い英語の本を読み解くには、いちいち日本語に翻訳していては能率が悪すぎるのです。

小学生までは、原則、英語はすべて英語で教える。
中学生からは、基本単語や文法は日本語で教え、「リーディング」は直接法で教える。

これがベストな指導法であると私は考えています。いずれの場合も、子どもが高度な英語力を獲得するには、英語を英語のまま理解する英語思考を鍛えることが必要になります。

▶「英語を英語のまま理解する思考回路」を鍛える

子どもに英語の本を読ませて「どういうお話か分かる？」「この単語はどういう意味？」と日本語で確認しようとする親や指導者がいます。気持ちは分かりますが、日本語に「翻訳」をさせていると、英語を日本語に置き換えて理解しようとする思考習慣が身についてしまいます。

同じように「これはリンゴよ。英語では apple」と、日本語と英語をミックスして教えるのも NG です。子どもに英語を教える原則は「This is an apple」と英語オンリーでインプットすることです。

バイリンガルの人は、聞く、話す、読む、書く、全技能において言葉を翻訳することはありません。頭の中に日本語と英語、2

つの独立した思考回路を持っているのです。日本語を話す時は日本語の思考回路、英語を話す時は英語の思考回路というように、話す相手に応じてスイッチを切り替えることができます。

　子どもの英語学習は、英語を英語のまま理解する回路作りに重点を置くことが大切です。といっても難しいことではありません。英語のアニメを見せたり、YouTube の英語動画を見せたり、英語の歌を聞かせたり、英語のオーディオブックを聞かせたり、英語オンリーのインプットを実践すれば良いのです。
　英語は英語だけで教える！　これを実践することで「英語の思考回路」が発達し、英語を英語で理解できる思考が実現できるようになります。

　何ごとも最初が肝心。初めて子どもが英語に触れる時は「直接法」を心がけましょう。英語の音楽をかけ流しておけば、子どもはいつの間にか英語を口ずさむようになります。日本語を介在せず「英語で英語を理解する思考」を習慣づけるのです。
　もし可能でしたら、英語ネイティブと話をする機会を作ってあげましょう。外国人と接する時、子どもの思考は「全体イメージで理解しよう」という働きに変わります。相手の表情、身振り手振り、声の強弱などから相手を理解しようとするのです。この経験の積み重ねが、英語の思考回路の構築へとつながっていきます。

▶外国人と接しなくても英語思考は作れる!

　日本国内で、外国人と接することなく、英語思考を鍛える方法が 1 つあります。それはやはり、「英語のリーディング」です。

第 3 章　日本の子ども英語教育、よくある7つの間違い　　83

英語の本がスラスラ読めるようになれば、外国人と接することなく、読書によって英語思考に浸ることが可能になります。

　子ども向けの英語の本には会話文が多く含まれます。子ども同士の会話であったり、子どもとお母さんとの会話だったり、子どもと先生との会話だったり、様々なシチュエーションの「生きた会話」に読書を通して触れることができるのです。

「アリとキリギリス（The Ant and the Grasshopper）」のリーディングで英語思考を体験してみましょう。英語のリーディングをすることで、「英語を英語で理解する思考」が働き出す感覚が実感できるはずです。感情を込めて音読してみてください。

キリ：What a fine day! I have nothing to do but sing and play.

アリ：Don't you ever work?

キリ：Of course not! Do you want to play with me?

アリ：No, I'm very busy right now.

キリ：Work, work, work! Don't you have time to play with me?

アリ：No, I don't.

キリ：Why are you in such a hurry?

アリ：I have to store food for the winter.

キリ：How can you think about winter on such a fine day?

アリ：Because the winter will be here soon and food will be hard to find.

キリ：I don't want to worry about winter now! You just go ahead and work!

アリ：Soon, you will not have enough food to eat.

84

キリ：I have plenty of food right now.
アリ：And what about tomorrow?
キリ：I don't worry about tomorrow.
アリ：I do. Good-bye.

▶理解よりも「読める」ようにするのが先

　英語のリーディング力を育てるステップは「理解よりも読めることが先」です。英語を読み始めの子どもに「読むこと」と「理解すること」を同時に要求すると、読書スピードが遅くなります。**内容理解は横に置いておき、英語を流暢に、速いスピードで読むことに専念させましょう。**

　人間の脳は素晴らしい能力を持っていますが、２つの作業を同時に処理することは苦手なのです。読むことにフォーカスしながら、頭の片隅で意味を考えていると、脳の処理スピードは遅くなり、学習効率が下がってしまいます。

　これは日本語の本を読み始めた子どもを観察すると一目瞭然です。子どもは文字を「読むこと／発音すること」に集中しているので、読み終わっても内容を全然覚えていません。子どもに「内容を考えながら読みなさい」と指示すると、読書スピードがさらに遅くなり、読んだそばから内容を忘れていき、いつまで経っても理解が伴わないという悪循環に陥ってしまいます。

　もし子どもが「ママ、この単語の意味は何？」「どういうお話なの？」と聞いてきた場合は、日本語で教えてあげて構いません。ただし、すぐに日本語訳を教えるのではなく、「どんな意味だと思う？」「どんなお話だと思う？」と質問してください。

　子どもは想像力を働かせて意味を考えます。この頭の使い方を

習慣化することで、未知の単語や表現に出会った時に想像力を働かせて理解する力が育っていきます。

　子ども向けの英語の本にはグレードレベルやリーディングレベルが記載してあるものが多いですから、それらを参考にレベルに合った本を選んでください（詳しくは第5章で）。

　レベルがはっきりしない場合、最初の数ページを子どもに読ませてみましょう。1ページに読めない単語が3〜4個以上ある場合、難しすぎる本と判断してください。

　くれぐれも長すぎる本、難しすぎる本を子どもに与えないように配慮してください。子どもを本嫌いにする最大の原因は、「難しすぎる本を読ませること」です。**「簡単な本」の多読によって、子どもは「英語を英語のまま理解する力」を身につけることができます。**

\ **Review** /

- ✔ 英語は英語で指導する方が効率的
- ✔ 年齢の低い子どもに意味を確認するのは NG
- ✔ 英語思考を鍛える最良の方法は「リーディング」
- ✔ リーディング力を鍛える原則は「理解よりもまず流暢に読めること」

間違い 6

× 「英語の"勉強"をしよう」
→ 萎縮して話さない子になってしまう

　アメリカの私の学校には、たくさんの日本人生徒が通っています。**日本人の子どもに共通するのが「英語を話さない」こと。**アメリカ人と比較しては可哀想ですが、中国人や韓国人などのアジア人と比べても、日本人の子どもは英語を話そうとしません。なぜでしょうか?

　日本人は英語の「単語の間違い」や「文法ミス」や「通じないこと」を過剰に恐れる傾向があり、英語を口に出すことが怖いのです。

　子どもに英語を教える時に日本語に翻訳するのは NG と前項で述べました。同様に、英語を習い始めの子どもにスペリングテストをしたり、文法問題に取り組ませてマルバツをつけたりすることは避けましょう。英語にマルバツをつけられると、子どもは萎縮するのです。

　日本語で話をしている時に、その単語の用法はおかしい、その発音は正しくない、それは文法的に間違っている、などと言われれば、話す気を失ってしまいますね。同様に、子どもに英語を教える際に発音や読みミスをしつこく指摘していると、英語学習を拒否するようになります。

▶おしゃべりなケンタ君が一言も発しなくなった

　アメリカに移り住んできた日本人一家。一人息子のケンタ君は8歳です。日本ではクラスの人気者で、活発でおしゃべりだった

ケンタ君ですが、アメリカの学校に通い始めてから一言も話さなくなってしまいました。教師が話しかけても、頭を縦横に振って意思表示するのみ、決して英語を話そうとしませんでした。

ケンタ君がようやく英語をボソボソと話し始めるのは、それから1年も先のことでした。

ケンタ君は（自称英語が得意という）母親から英語を教わっていたのですが、母親は日本式の「文法訳読法」を教え込んでいたのです。単語の意味をテストし、スペリングをテストし、五文型や三単現のsなどの文法知識をテストしていました。

その結果、ケンタ君はアメリカの学校に通い始めた時に「間違ったらどうしよう」「通じなかったらどうしよう」という恐怖が先に立って英語を話すことができなくなってしまったのです。

▶教科書から離れ、身体を動かして英語に触れよう

子ども英語の入り口として私がお勧めしているのは、教科書から離れて、身体を動かして英語に触れるアクティビティです。英語でスポーツをしたり、ゲームをしたり、ダンスや演劇をしたり、身体を使って英語に触れる経験です。

第1章で、英語村をご紹介しました。2018年に東京のお台場近くにオープンした「トーキョー　グローバル　ゲートウェイ」は「英語が飛び交う非日常的な空間で成功体験が得られる！」として、小学生から高校生を対象に様々な体験型のアクティビティを提供しています。

群馬県の「くらぶち英語村」は、山村留学と英語アクティビティを同時に体験できる施設です。

日本国内で、机に向かっての勉強ではなく英語でアクティビティが体験できるチャンスが増えているのは大変好ましいことです。

▶日本国内のサマープログラムを利用する

2020年から小学5年生で英語が教科化されます。教科になれば「テスト」を避けることはできません。できればその前に「英語はコミュニケーションのツールであること」を子どもに実感させてあげましょう。

ご紹介した「英語村」に加えて私がお勧めしているのが、夏休みにスポーツやダンスや演劇などを英語で体験できるサマープログラムへの参加です。

● ドラマメソッドを推進する MLS（Model Language Studio）は、夏休みに集中して英語に浸ることができるプログラムを提供しています。ダンスや劇作りなど、ドラマ（劇）の要素を取り入れたアクティビティを通して英語に触れるというものです。

● SCOA（Sports Camp of America)は、スポーツで英語に触れるキャンプを実施しています。言葉と動作を結びつけることにより、日本語を介することなく、英語を直接理解させようというアプローチです。

● アメリカ大使館 EWA は、3歳半～11歳の子どもを対象に英語でスポーツ、ゲーム、ダンス、アート＆クラフトなどのアクティビティに参加できるサマープログラムを毎年実施しています。費用は5日間で5万4千円とお手軽で、お勧めです。

● 調布と六本木にキャンパスを構えるアメリカンスクール イン ジャパン（ASIJ）では、学校の安全かつ豊かな施設を活用した

第3章　日本の子ども英語教育、よくある7つの間違い　89

サマープログラムを提供しています。子ども4人につき1人の
ネイティブチューターがつく手厚いサポートが人気です。

● 九州で人気の英会話キャンプが「モメンタキッズ」です。1年を
通して英語キャンプを実施しており、料理、科学実験、工作な
ど様々なアクティビティを通して英語に触れることができます。

この他にも日本全国でインターナショナルスクール、NPO な
どが主催する英語キャンプが開催されています。これらの多くは
「英語でアクティビティに参加する」ことが目的であり、英語を
使ってコミュニケーションする楽しさを経験できます。

▶ハワイのサマープログラムに挑戦する

私はハワイで英語学校を経営していますが、年々ハワイのサマ
ープログラムに参加する日本人家庭が増えていることを実感して
います。ハワイのサマースクールは、大きく2つに分かれます。

● 学校が主催する「サマースクール」

学校の設備を利用して、年齢やレベル別に勉強、音楽、スポーツ
などを教える4〜6週間のコースが主流です。参加するには授業
についていけるレベルの英語力が必要です。宿泊場所と学校まで
の送迎が必要になります。

● YMCA や Kama'aina Kids など非営利団体が主催する「サマーファン」

博物館や水族館などを訪れたり、スポーツやクラフトなどのアク
ティビティに参加する体験型プログラムが中心です。動植物に触

れたり、ハワイの文化体験をしたり、仲間とゲームをしたり、盛りだくさんの内容です。小学生までは日帰りキャンプ（Day Camp）が主で、中学生以上になると宿泊型のキャンプにも参加できます。日帰りキャンプ、宿泊型キャンプ共、期間は１週間から参加可能です。

　英語力が十分でない子どもの場合、プログラムは慎重に選ぶ必要があります。初めてハワイのサマープログラムに参加するのならば、「サマーファン」で同年代の子どもとの遊びを通して交流を深めるのがオススメです。

　日本で英語をしっかり勉強してきたという子であれば「サマースクール」で本場アメリカ式のアクティブラーニングにチャレンジするのも良いかもしれません。

　大切なのは、**子どもの英語力や性格に合ったプログラムを、親が選ぶこと**です。詳しい内容を調べずに有名校のサマースクールに入れても、英語力不足で楽しめなければ本末転倒です。せっかくの海外体験を「嫌な思い出」にすることがないように、十分にリサーチをした上でプログラムを選ぶようにしてください。

　スポーツや音楽などが得意な子どもには、その分野を伸ばせるサマープログラムに参加させると「ボク（ワタシ）はアメリカ人にも負けない！」と自信を大きくすることができます。

\ Review /

- ✓ 英語は勉強でなくコミュニケーションの手段
- ✓ 英語村でアクティビティに参加する！
- ✓ 日本のサマープログラムで英語を使う体験をする！
- ✓ ハワイのサマープログラムに挑戦する！

間違い 7

×「英語はプロにお任せ」
→ 子どもはモチベーションを 保ち続けられない

「子どもにおかしな発音を教えたくないから英会話に通わせます」と、多くの保護者が子どもに英語を教えることをためらいます。

しかし、子どもの英語学習を継続させるためには、**英語学校や塾に丸投げするのはダメ**です。親が英語が得意でなくても、英語を学ぶ意義を伝え、励ましを与え、英語をスムーズに身につけられるように環境を整えることが大切です。

日本語に地方ごとの方言が存在するように、英語にも多くのアクセント（なまり）が存在します。準英語圏であるインド、シンガポール、マレーシアなどでは、かなりアクセントの強い英語が話されています。私が暮らすハワイも、アメリカであるにもかかわらず、独特のアクセントと文法による英語（ピジン英語）が通用します。

「ハーバードビジネスレビュー」誌（2012年5月）によると、全世界で英語を話す人は約17億5千万。そのうち英語ネイティブ（英語が第一言語）は3億8500万人です。**英語話者のうち英語ネイティブはたった22％に過ぎない**のです。残りの78％は英語を第二言語で話すノンネイティブスピーカーです。

国際語としての英語が普及するにつれ、英語も多様化してきています。発音や文法については国や地域ごとに違いがあっても良いではないかという「ワールド・イングリッシーズ（World Englishes）」という考えも広がっています。

もちろん英語で自然なコミュニケーションをとるにはネイティブ発音を身につけることが理想ですが、日本国内で英語でコミュニケーションをとる場合も、お互いがノンネイティブスピーカーである可能性が高く、親が完璧なネイティブ発音にこだわる必要はないというのが私の考えです。

▶ネイティブ英語をインプットしていれば、親が教えても大丈夫!

　関西弁を話す人であっても共通日本語（あるいは標準語）を話すことができます。津軽弁を話す人も共通日本語を話すことができます。家庭、学校、地域社会での日常会話は全て「方言」であるにもかかわらず、子どもたちはどうやって共通日本語を話せるようになったのでしょうか？

　答えは2つ考えられます。1つは、テレビなどメディアを通して「共通日本語の話し言葉」をインプットしてきたこと。

　そして、もう1つは教科書や本を通して「共通日本語の書き言葉」に触れてきたことです。テレビのアナウンサーやアニメの登場人物は「共通日本語」を話すのが一般的ですね。同時に教科書や本に書かれている言葉も「共通日本語の書き言葉」です。

　すなわち**「耳」と「目」から共通日本語を大量インプット**することで身につけたのです。

　英語も共通日本語と同じように考えてみましょう。子どもにネイティブ発音を身につけさせたいなら、原則は「ネイティブ英語を耳と目からインプットすること」です。

　英語の歌を聞かせる、英語のアニメを見せる、英語の教育番組を見せる、そして英語で書かれた本が読めるようにすることです。

子どもがネイティブ発音で英語の本を読めるようになれば、親が多少間違った発音で英語を教えたり、英語の本を読んだりしたからといって、親の発音がうつる心配はありません（子どもは発音の違いを聞き分けています）。

　親が子どもに英語を教える際に注意すべき点は、前述した通り「日本語に訳さないこと」「テストをしないこと」です。多くの親、特に英語に自信がある親、がこれらのミスを犯しがちなので注意してください。文法訳読法は最初は効果が見えやすいですが、やがて子どもの英語力は伸び悩みます。

　親が教え込むより簡単なのが、家庭でネイティブ英語の音環境を作ることです。マザーグースやナーサリーライム、フォニックスの歌などをかけ流しましょう。またオーディオブックを利用して英語の本のナレーションを聞かせておくだけで、子どもはネイティブ英語を吸収していくことができます（未就学児の場合。詳しくは第5章で）。

　ただし、英語の文字指導であるフォニックスについては、親が教えるのではなく、ネイティブ発音で指導すること、ネイティブ発音の教材やメディアを活用することを強くお勧めします。フォニックスについても第5章でご説明します。

\ **Review** /

✓ **塾や学校に丸投げしては英語学習の継続は望めない！**
✓ **親の英語の発音にはあまりこだわる必要なし**
✓ **ネイティブ英語をインプットしていれば親が教えても大丈夫**
✓ **ただしフォニックスはネイティブ英語で教えること！**

第 **4** 章

日本にいながら
英語教育を成功させる
3つの目標

回り道をせず、子どもが一生使える「高度な英語力」を獲得するには

　本章では、日本国内で英語教育を成功させる、3つの目標を確認します。その3つとは、

1、CEFR B2レベル達成
2、リーディング力の獲得
3、8〜10年の学習期間

です。これら3つを頭に置きながら、子どもの成長や英語力の進歩に合わせて適切な環境や教育を与えていくことで、子どもは回り道することなく、一生使える高度な英語力を獲得することができます。

　1つ目の「CEFR B2レベル達成」は、子どもが目指す英語力の目標です。より分かりやすく言えば「英検準1級」に合格することです。高校時代までに「CEFR B2レベル」を達成できれば日本では英語でトップクラスになれます。

　2つ目の「リーディング力の獲得」は、「CEFR B2レベル達成」のために必要な手段です。
　繰り返しご説明している通り、日本国内で英語力を身につけるにはリーディング力の獲得が不可欠です。リーディング学習を通して英語の本がスラスラ読めるようになれば、「CEFR B2レベル」は確実に達成できます！

日々の学習はリーディング力へ直結する内容でなければなりません。くれぐれもテスト対策や英会話に偏らないように注意しましょう。

　最後の「8〜10年の学習期間」は、「CEFR B2レベル達成」までにかかる期間の目標です。8年は長すぎる！　と感じるかもしれませんが、英語に限らず、スポーツや楽器演奏などでトップクラスの技能を習得するには8〜10年の期間を要します。
　目標達成までの期間を明確に設定することで、今何をすべきなのか、今どのくらいがんばるべきなのか、具体的な行動の目安を設定することができます。
　本章では、3つの目標を1つずつ説明していきます。

目標 1

高校までに 「CEFR B2レベル」を 達成する

　子どもの英語教育で、まず考えなければならないのが、**どの程度の英語力を目指すのか**です。2ヶ国語を完璧に操るバイリンガルに育てるのと、日本国内で英語力トップを目指すのでは、学習をスタートする年齢も、整える環境も、かかる費用も、かかる時間も、子どもの努力も大きく変わってきます。

　私の日米での指導経験から申し上げますと、日本国内で完璧なバイリンガルに育てるのは、かなりハードルが高いです。完璧なバイリンガルとは、私の定義では、2つの言語で自信を持って会話や議論ができること、2つの言語で年齢レベルの授業についていけること、2つの文化的な違いに対応できること、です。

　これらの条件を満たすには、インターナショナルスクールに幼児期から高校まで通いながら、日本語も学年レベルを維持していかなければなりません。子どもは学生生活の大半を言語学習に割くことになり、スポーツや音楽やアートなど、人間形成に欠かせない「勉強以外のスキルの習得」が疎かになってしまいます。

　一方、日本国内でトップレベルになるために必要な英語力はどの程度かというと、その答えが「CEFR B2レベル」です。具体的には次のとおりです。

・英検準1級以上
・TOEFL iBT 72以上

- IELTS（アカデミック）5.5以上
- GTEC CBT 1190以上
- TEAP（4技能）309以上

　下に41ページの表を再掲します。ブリティッシュ・カウンシル、ケンブリッジ大学英語検定機構によると、「CEFR B2レベル」とは「自立した言語使用者」のことで「自分の専門分野の技術的な議論も含めて、抽象的な話題でも具体的な話題でも、複雑な文章の主要な内容を理解できる。母語話者とはお互いに緊張しないで普通にやり取りができるくらい流暢かつ自然である。幅広い話題について明確で詳細な文章を作ることができる」人です。

■ 各資格・検定試験とCEFRとの対照表

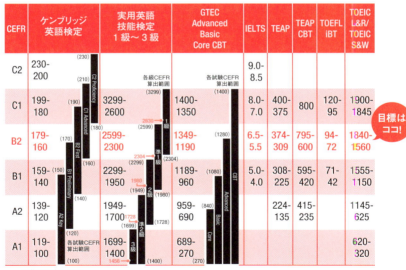

　→は各級合格スコア
※括弧内の数値は、各試験におけるCEFRとの対象関係として測定できる能力の範囲の上限と下限

文部科学省（平成30年3月）

■ CEFRが示している6段階の共通参照レベル

熟練した言語使用者	C2	聞いたり読んだりした、ほぼ全てのものを容易に理解することができる。いろいろな話し言葉や書き言葉から得た情報をまとめ、根拠も論点も一貫した方法で再構築できる。自然に、流暢かつ正確に自己表現ができる。
	C1	いろいろな種類の高度な内容のかなり長い文章を理解して、含意を把握できる。言葉を探しているという印象を与えずに、流暢に、また自然に自己表現ができる。社会生活を営むため、また学問上や職業上の目的で、言葉を柔軟かつ効果的に用いることができる。複雑な話題について明確で、しっかりとした構成の、詳細な文章を作ることができる。
自立した言語使用者	B2	自分の専門分野の技術的な議論も含めて、抽象的な話題でも具体的な話題でも、複雑な文章の主要な内容を理解できる。母語話者とはお互いに緊張しないで普通にやり取りができるくらい流暢かつ自然である。幅広い話題について明確で詳細な文章を作ることができる。
	B1	仕事、学校、娯楽などで普段出会うような身近な話題について、標準的な話し方であれば、主要な点を理解できる。その言葉が話されている地域にいるときに起こりそうな、たいていの事態に対処することができる。身近な話題や個人的に関心のある話題について、筋の通った簡単な文章を作ることができる。
基礎段階の言語使用者	A2	ごく基本的な個人情報や家族情報、買い物、地元の地理、仕事など、直接的関係がある領域に関しては、文やよく使われる表現が理解できる。簡単で日常的な範囲なら、身近で日常の事柄について、単純で直接的な情報交換に応じることができる。
	A1	具体的な欲求を満足させるための、よく使われる日常的表現と基本的な言い回しは理解し、用いることができる。自分や他人を紹介することができ、住んでいるところや、誰と知り合いであるか、持ち物などの個人的情報について、質問をしたり、答えたりすることができる。もし、相手がゆっくり、はっきりと話して、助けが得られるならば、簡単なやり取りをすることができる。

目標はココ!

文部科学省（平成 30 年 3 月）

　英語で専門的な議論ができ、抽象的な英文を読み解け、英語ネイティブと緊張せず自然な会話ができる。これを達成できれば日本では「立派なバイリンガル」と言えるのではないでしょうか。

　高校までに「CEFR B2レベル」を達成する方法は大きく２つあります。

1つは高校時代に英語圏に1年間留学する方法。そして2つ目は、幼児期〜小学生で英語のリーディング力を身につける方法です。それぞれについて詳しく見ていきましょう。

高校までに「CEFR B2レベル」を達成する方法①

1年間の留学

小・中・高と学校英語に真面目に取り組み、高校時代に英語圏（日本人がいない場所が理想）に1年間留学すれば、帰国後は「CEFR B2レベル」を達成できる上、国際感覚と自信が身につきますから、人間的に一回り成長することができます。

高校生の留学は大学受験に不利になるのでは？ という心配もありますが、英語の重要性が高まる日本の受験では有利になるのは前述した通りです。さらに留学によって「英語が話せる」ようになれば、大学卒業後にキャリアを形成していく時に大きな「強み」となります。

長い目で子どもの人生を考えれば、高校時代の留学は、デメリットよりもメリットの方がはるかに大きいのです。

▶留学前に英検2級レベルを有していることが理想

「CEFR B2レベル」を留学で実現するためには、留学前に英検2級レベルを有していることが理想です。もちろんそれ以下、たとえば留学前に英検3級だった生徒が、1年間の留学後に英検準1級に合格するケースはあります。

しかし留学生活をよりポジティブな経験にするには、英検2級を有しておくことが望ましいと言えます。英検2級レベルで留学すれば、留学先での学校適応がスムーズに進みますから、短期間

で英語力の飛躍的な上達が期待できるのです。

▶ティーンの悩みを同世代の世界の仲間と分かち合える

　高校時代の留学の良さは、ティーンという多感な時期であるがゆえ、異文化の同年代の仲間と親密に触れ合えることです。ティーンの悩みは世界共通です。進学、将来の夢、異性関係、親子関係、友だち関係、このような悩みや葛藤を、言葉や文化の壁を越えて語り合う経験が子どもの人間形成にとって悪いはずがありません。

　高校留学を成功させるには、英検2級レベルの英語力に加えて「コミュニケーション力」を育てておくことが重要です。コミュニケーション力が高い子ほど、すぐに友だちができますから、留学生活を楽しく、実り多い経験にすることができます。

高校までに「CEFR B2レベル」を達成する方法②

小学生のうちにリーディング力を獲得する。留学しなくていい

　経済的な事情などで高校留学は難しいという場合は、幼児期〜小学生で英語のリーディング力を獲得することを目標にしてください。日本で「CEFR B2レベル」を達成するには、英語の本をスラスラと読み、理解できる力、すなわち「英語のリーディング力」を獲得する以外に有効な方法が見当たりません。

▶中1で英検1級に合格したナナちゃんの親がしたこと

　ある地方都市で育ったナナちゃん。日本から一歩も海外に出ることなく、インターナショナルスクールに通うこともネイティブ

講師の手を借りることもなく、家庭学習だけで、中学1年生の時に「英検1級」に合格しました。

母親が英語教育に熱心だったことは言うまでもありませんが、ナナちゃんに英語で話しかけたり、英語を（学問的に）教え込んだりすることは一切しませんでした。

幼児期にしたことと言えば、英語の歌、英語の物語、英語のビデオなど、ネイティブ英語をひたすら聞かせる（インプットする）ことと、日本語の読み聞かせでした。

小学生になってからは、英語のリーディング力を身につける働きかけを行いました。フォニックス教材で英語の正しい発音を教え、英語の本の読み方を教えました。

日本語で本好きに育っていたナナちゃんが好んで読みそうな英語の本を見つけて、買い与えることが母親の仕事でした。ナナちゃんは母親の思惑通り、英語の本を自分から手に取って読むように育っていきました。

ナナちゃんは小学5年生の頃には『ハリー・ポッター』を原書で楽しめるレベルのリーディング力を身につけることができました。中学生になるとトム・クランシーやヘミングウェイの作品も原書で楽しむようになりました。

そして3歳で英語学習をスタートしてから中学1年生までの10年間で、英検1級を達成したのです！

英検1級レベルの英語力を中学1年生で身につけたのですから、さぞ強烈なスパルタ教育を行ったのでは、と想像する方も多いと思います。しかし母親は「ただ与え続けただけ」と言い切ります。ナナちゃんの母親に英語学習の秘訣を聞くと、次のように返ってきました。

「一番大切なのは、英語の本を読めるようにすること。自分で英

語の本が読めるようになればインプット量が劇的に増え、爆発的に英語の力がついていきます」

▶「日本語の本」を好きになるように育てる

ナナちゃんの例からも分かるように、英語のリーディング力を獲得する前提となるのが「日本語での読書力」です。日本語の本が嫌いという子は、英語の本もあまり読んでくれません。

特に男の子は本嫌い（活字嫌い）になる傾向が強いので、家庭で日常的に本や文字に親しませる環境作りを心がけてください。

「小学３年生（９歳）までに満足なリーディング力が身につかないと、学年が上がってからキャッチアップすることは難しい」という全米学力調査（NAEP＝National Assessment of Educational Progress）の調査結果を受け、ロサンジェルスタイムズ紙がスポンサーとなり「Reading By 9」というキャンペーンを立ち上げました。

南カリフォルニアを中心に、本の寄付やワークショップの開催などを通して「９歳までのリーディング教育の大切さ」を啓蒙する活動を行っています。

日本でも「９歳の壁」や「小４の壁」という言葉を聞くようになりました。「９歳の壁」は「生活言語」から「学習言語」への移行と関わっていると言われています。

学習内容が具体的思考から抽象的思考へ、直接体験から間接体験へとシフトしていく小学３〜４年生になると、勉強についていけなくなる子が急増する現象です。

日本で「９歳の壁」が注目されてきた理由として、私は、「読

書力の欠如」があると考えています。小学校低学年までに基礎的な読書力が身についていないと、活字への抵抗感が取り除けず、読書スピードが向上せず、本を読んでも内容理解が伴わず、結果として学業に問題を抱えることが多くなるのです。

▶「活字への抵抗感を取り除くこと」が最初のステップ

「CEFR B2レベル」をスムーズに実現するために、そして「9歳の壁」を乗り越えるためにも、**小学生までの子どもを育てている家庭では「日本語の読書教育」を実践する**ことを強くお勧めします。

子どもによって「本好き・本嫌い」は個人差がありますが、最低でも「読書が苦にならない力」を家庭で育てておくことが大切です。「読書が苦にならない力」とは、「読書はそれほど好きではないが、読むこと自体は苦にならない」状態です。自分から進んで読書を楽しむわけではないけれど、本を読むことに抵抗感がなく、しかも、読んだ内容を正確に理解できる。

このレベルの読書力を身につけるには、子どもの興味に合った本、子どもが好きな本をとにかくたくさん読ませて、活字への抵抗感を減らす働きかけが重要となります。

「リーディング力が学力の発達に影響する」ことが広く認知されているアメリカでは、子どもが小学1年生になると大量の読書を経験させます。毎日短い本を1冊読むこと、あるいは、20〜30分の読書が宿題として義務づけられるのです。

アメリカには子どもの読書レベルに合った簡単な本、20〜30分で読み終わる本がたくさん売られています。これらの簡単で短い本を多読することによって、子どもは達成感を味わえると同時

に、活字に対する抵抗感を取り除くことができるのです。

アメリカで子どものリーディング力を測定する基準が「リーディングフルエンシー」です。これは、1分間に何単語を正確に読めるか、読みミスがないか、どれだけ内容を理解しているのか、の3点でリーディング力を評価するものです。早いスピードで流暢に読めること、さらに、内容理解が伴っていることの両方が求められるのです。

日本では小学1年生に大量の読書を強制することはありません。また読書スピードや読解レベルを調べませんから、リーディング力が身についているのか分かりづらいのです。

本を音読できる＝リーディング力が身についている、と考えるのは危険です。流暢に早いスピードで読めて、かつ、内容理解が伴っていることが肝心なのです。

▶「簡単で短い本」を「多読」する

読書嫌いの子どもの多くは「難しすぎる本」を読んでいます。子どもの読書レベルや興味に合った本をたくさん読まなければ、活字への抵抗感が抜けず、読書スピードが上がらず、リーディング力は身につきません。**難しすぎる本、長すぎる本は、子どもを本嫌いにする2大要因**なので注意してください。

欧米では、子どもが段階的にリーディング力を身につけられるように、本の難易度が細かく分類されています。使われている単語の難易度、単語数、文法の難易度などのルールに沿って工夫して作られているのです。ですから子どもたちは、自分のレベルに合った本を選んで多読練習を重ねていくことができます。

日本語で書かれた児童書は、そこまで細かくレベル分けがされていません。その結果、多くの子どもが難しすぎる本、長すぎる

本を読んでいるのです。

子どもが読む本の内容については、とやかく言わない

ことも大切です。日本人は読書というと、教育的な本、真面目な本を読まなければいけないと思っている人が多いのですが、子ども向けのくだけた内容の本でも読書は読書です。

アメリカの子ども向けの本には、オムツをつけたスーパーヒーローが登場するような下品なものもありますが、それに教師や保護者が目くじらをたてることはありません。

本を読み始めの子どもにとって、活字に向き合うという作業は、多くの集中力と想像力を要するものであり、とても疲れることなのです。せめて「楽しみ」というモチベーションがなければ、読書を継続することはできません。

子どもが自分で読みたいと思える本であれば、内容にかかわらず、どんどん読ませてあげてください。くれぐれも難しすぎる本、長すぎる本は与えないように。

理想は１〜２日で１冊を読み終えることができる本です。図書館を活用すれば、親の財布をいためずに、子どもに合ったたくさんの本に触れることができます。**親の仕事は、子どものレベルに合った本、子どもが好きそうな本を探してあげることです。**

\ **Review** /

- ✓ **英語教育、第１の目標は「CEFR B2 レベル達成」**
- ✓ **「CEFR B2 レベル」は高校時代に１年の海外留学で達成**
- ✓ **海外留学しない場合は、リーディング力の獲得が不可欠**
- ✓ **英語のリーディング力を獲得する土台は日本語の読書力**
- ✓ **「簡単で短い本」の多読で活字への抵抗感を取り除く**

第４章　日本にいながら英語教育を成功させる3つの目標　　107

目標 2 リーディング力の獲得

　日本にいながら英語教育を成功させる２つ目の目標は「リーディング力の獲得」です。究極の目標である「CEFR B2レベル」を達成する手段として「リーディング力の獲得」を軸に英語学習に取り組みましょう。

　英会話学校やネイティブの講師などを選ぶ時は、「リーディング指導にどれだけ熱心なのか」を基準にすると良いでしょう。「本当にリーディングだけで英語が身につくの？」というクリティカルな読者のために、２つの事例をご紹介します。

例① ▶ 小6で英検準1級合格・ミユちゃんの場合

　中学３年生で「英検１級」に合格したミユちゃん。１次（筆記）は85％、２次（面接）は77％の得点率という余裕の合格でした。

　でもミユちゃんは帰国子女ではありません。また英語学校に通っていたこともありません。**家庭学習だけで、小学６年生で英検準１級合格、そして中学３年生で英検１級合格を勝ち取った**のです。英語習得の秘訣をお母さんに聞いたところ、以下の答えが返ってきました。

　――「英語を英語のまま理解できる力」を身につけることができたのが、最大の理由だと思います。日本の小中学校に通いながら「英語を英語のまま理解する力」を向上させていく手段は、日々英語を読むことだと思います。

例② ▶ 小5で英検準1級合格・タカシ君の場合

　小学5年生で「英検準1級」に合格したタカシ君。赤ちゃんの頃から家庭で英語の歌や動画に触れて育ちました。お母さんは、タカシ君の幼児期にはフォニックスのワークブックや短い絵本を与えて、英語が読めるようになる環境作りを心がけました。

　すると、タカシ君はいつの間にか単語が読めるようになり、5歳の頃には短い絵本なら一人で読めるようになっていたそうです。

　お母さんに英語習得の秘訣を伺うと、以下の答えが返ってきました。

――「読解力」が全てだと思います。息子が音読するのを横で聞いて、読み終えると「すごいね！」とたくさん褒めてあげたのが良かったと思います。

　本は少しずつ内容を難しくしつつ、大量に与えることを心がけました。単語は読書や動画などから覚えてしまうようで、特に教えることはありませんでした。レベルに合う本を選んで与えたからでしょうか、息子は今でも「英語は簡単」と言っています。

▶リーディング力を身につける順序

　ミユちゃんやタカシ君の例から、そして私の25年の指導経験からも断言できますが、**日本で英語を身につけるには、リーディング力を鍛えることがベストの方法**です。

　英語の本が「正しい発音で」読めるようになれば、子どもは読書を通して、独学で、楽しみながら、英語の全技能をいくらでも向上させていくことができます。

しかし子どもにリーディング力を身につけさせようと思っても、多くの親は何から始めればよいのか分かりません。

そんな時は日本語の文字学習を思い出してください。日本語の文字学習が「かな五十音」→「漢字」→「本読み」と進むように、英語の文字学習にも「正しい順序」があります。それが以下のステップです。

ステップ0）**フォネミック・アウェアネス** →英語を聞き分ける耳を鍛える

ステップ1）**フォニックス** →英単語の正しい発音を教える

ステップ2）**サイトワーズ** →頻出単語を一目で読めるように教える

ステップ3）**リーディングフルエンシー** →多読で読書力を鍛える

リーディング力を鍛えることが、英語習得のキモになります。そのため、本書ではステップ0〜ステップ3を、第5章をまるまる費やして詳しく説明します。

\ Review /

✓ **英語教育、第2の目標は「リーディング力の獲得」**
✓ **リーディング力があれば小学生で英検1級も夢ではない**
✓ **リーディング力は正しい順序で学習することが大切**

目標 3 8〜10年の 学習期間を確保する

　英語教育、３つ目の目標は「８〜10年の学習期間」です。これは「CEFR B2レベル」達成までにかかる期間の目標です。「そんなに長くかかるの？」と驚かれた方のために、英語習得に要する学習時間について少し解説しておきます。

▶学校の授業では足りない「プラス1000時間」の家庭学習が必要

　アメリカ国務省の付属機関FSI（Foreign Service Institute）の調査によると、英語を母語とする研修生が、日常生活に差し支えないレベルの日本語力を獲得するまでに要した平均学習時間は2400〜2760時間でした。ひるがえれば、**日本人が満足な英語力を身につけるのにも「2500時間前後」の学習が必要**であると考えられています。

　日本人が学校教育（小中高）を通じて英語を学習する時間は、多い生徒で1500時間（授業＋宿題＋自主学習）と言われています。英語習得に必要な学習時間が2500時間ですから、学校の授業では足りない「プラス1000時間」を何らかの方法で達成する必要があるのです。

　もし高校時代に１年間留学したらどうなるでしょうか？　留学先では、学校の授業や宿題で毎日８時間は「主体的に」英語に触れることになります。８時間×185日（アメリカの１年間の平均授業日数）＝1480時間となり見事目標達成！　です。

第４章　日本にいながら英語教育を成功させる3つの目標　111

日本の小中高を通して約10年間、真面目に英語を勉強して、さらに１年間の海外留学を実現できれば「CEFR B2レベル」の英語力を身につけることができます。

　では高校留学が難しい場合はどうしたらよいのでしょうか？　その答えが、本書で繰り返し述べているリーディングです。幼児〜小学生にかけてリーディング学習を実践し、英語の読書で「プラス1000時間」を達成すればよいのです。

　小学校時代に英語の本がスラスラと読めるようになれば、英語教育はほぼ成功です。そこから先は、子どもが好きそうな本、興味を持ちそうな本を親が買い与えればよいのです。

毎日30分のリーディングを実践すれば、目標の「プラス1000時間」を「５年間強」で達成できます（0.5時間×365日×５年＝912.5時間）。

▶幼児後期〜小学校低学年でリーディング学習を始める

　誤解のないように補足しておきますが、実際には「５年間だけ」で英語は身につきません。「英語の本が読めるようになってから５年間」です。

　まずは英語の本を流暢に読めなければなりません。フォニックスを学び、サイトワーズを学び、多読を通してリーディングフルエンシーを養います。アルファベットからスタートして英語の本がスラスラと読めるようになるまでに平均して「３年」かかります。

　英語の本が読めるようになるまでに３年。さらにそこから毎日30分の読書を５年。合計８年間で、目標の「CEFR B2レベル」を達成することが可能です。

小学1年生でリーディング学習を始めれば、中学2年生で目標達成です！　8年は長過ぎると感じるかもしれませんが、リーディング学習の素晴らしい点は、一度身につけてしまえば、そこからは読書をするだけで（英語を勉強しなくても、親が教えなくても）大学受験や資格試験をトップクラスで楽々と突破していけることです。

　英語習得にかかる期間は8〜10年。逆算して考えると、**リーディング学習をスタートする最適期は「幼児後期から小学校低学年」**という答えが見えてきます。

　その時期にスタートすれば、中学までに英語教育の目標である「CEFR B2レベル」を達成できます。**そこからは、スポーツや音楽やアートなどの課外活動、ボランティアやアルバイトなどの社会活動、さらに大学受験勉強などに時間を思い切り使えるようになります。**

　小学校時代にリーディング力を獲得した子どもは、英語力を武器にさらに上を目指していくことができます。リーディング力を身につけた上で英語圏へ留学をすれば、「CEFR Cレベル（熟練した言語使用者）」の達成も可能です。

　このレベルに到達すれば、日本では「英語の達人」です。あらゆる奨学金を得て、無料で（卒業までの学費が3000万円かかると言われているような）「世界のトップ大学」への進学も現実味を帯びてきます。

　学校教育で足りないプラス1000時間を稼ぐためにも、将来の英語の学習負担を減らすためにも、小学生のうちにリーディング学習に取り組むことを強くお勧めします。

第4章　日本にいながら英語教育を成功させる3つの目標　　113

▶英語のかけ流しが効果的なのは「乳幼児期だけ」

　英語教育にかかる時間は「学校の勉強プラス1000時間」と述べました。では英語の歌を聞いたり、英語のラジオ番組をかけ流していれば（楽して）「プラス1000時間」が達成できるのでは？という疑問が湧いてきます。

　残念ながら、英話をただ聞き流していても1000時間にカウントされません。英語のかけ流し（聞き流し）の効果があるのは、言語吸収力が著しい「乳幼児期だけ」なのです。**小学生以上の子どもには通用しませんのでご注意ください。**

　生まれてきた赤ちゃんの仕事は環境に適応することです。脳が「生きるために必要だ」と判断した情報やスキルは何でも吸収することができるのです。その証拠に日本で生まれ育てば、誰でも日本語を自然に身につけることができます。日本語を努力して身につけたという乳幼児は1人もいません。

　同様に、身の回りに英語の環境があれば、脳は「英語は生きるために必要だ」と判断しますから、英語をどんどん吸収していくのです。ただし、繰り返しますが、この優れた能力が使えるのは乳幼児期だけです。

　もう1点、乳幼児期のかけ流しの効果として、「学校教育で学習する10年分の英語を先取りできる」ことがあります。

　先に日本人の学校での英語学習時間は1500時間と述べましたが、小中高と約10年かけて積み上げていく「1500時間」を、乳幼児期であればかけ流しでまかなうことができるのです。

　たとえば2〜6歳まで毎日1時間のかけ流しを実行すれば、

114

約1500時間分の英語知識が「無駄なく」インプットできます。その上で小学校からリーディング学習へとつなげていけば、学校教育に一切頼らずとも、家庭学習だけで高いレベルの英語力を実現できるのです。

　繰り返しますが、かけ流しの効果があるのは「乳幼児期だけ」です。小学生からは主体的な学習でなければ、英語を英語で理解しようとする思考が稼働せず、耳に入った英語は右から左にすり抜けてしまいます。

　主体的な学習とは、自分の意思で理解しよう、伝えようとして英語に触れることです。つまり子どもに意欲と集中と努力が要求されるということです。

▶英語習得の時間を短縮するもう1つの方法は？

　乳幼児期のかけ流しに加えてもう１つ、英語習得の時間を短縮する方法があります。それが、これまで何度もお伝えしている**「コミュニケーション力」**です。

　コミュニケーション力が高い子どもは、英語を話すことを怖がらず、外国人が相手でも臆することなく接することができますから、主体的な英語のインプットとアウトプットを劇的に増やすことができるのです。その結果、プラス1000時間達成までの時間が短縮できるのです。

　グローバル化の進行とともに、日本国内でも生の英語に触れるチャンスが増えました。近所に英語が話せる人（大人・子ども・国籍問わず）がいれば、勇気を出して話しかけてみましょう。実は、外国人も日本人の友だちを欲しがっているのです。日本語と

英語をお互いが教え合えるような関係が構築できれば最高です。

　また各自治体が主催する異文化交流会、米国基地のホームステイプログラム、米国大使館主催のサマープログラム、インターナショナルスクール主催のサマープログラム、各種団体主催の英語キャンプなど、英語ネイティブと長時間触れ合うことができるプログラムが日本国内で受けられるようになりました。
　このような豊かな環境を最大限活かして、子どもが生の英語に触れる機会を増やすことで、
「もっと英語で話したい」
「たくさん外国人の友だちを作りたい」
「世界中の人と話をしてみたい」
　と、意識が世界に向かうようになります。
　あくまでも家庭でのコツコツとしたリーディング学習がベースですが、子どものコミュニケーション力を高めることで、英語習得の期間を短縮することができるのです。

　子どもに世界中の人と関われるコミュニケーション力を育ててあげてください。世界標準のコミュニケーション力の育成方法については、拙著『世界標準の子育て』に詳しく書きましたので、そちらを参考にしていただければ幸いです。

▶リーディングは「主体的」な学習だから大きな効果が期待できる

　英語教育の目標は「CEFR B2レベル達成」、英語学習の目標は「リーディング力の獲得」、英語習得までにかかる期間は「8〜10年」。この3つを念頭に置き、子どもの英語学習プランを立て

てみましょう。

　すでに子どもの英語教育をスタートしている場合は、現在の英語学習内容を「リーディング力の獲得」へと軌道修正することを強くお勧めします。

　英語圏の高校や大学に留学経験のある方にはご理解いただけると思いますが、留学して一番苦労するのが宿題（読む量）の多さです。

　アクティブラーニングが主流の欧米の学校では、日本よりもはるかに大量のリーディングが宿題として出されます。というのも授業内容に対する予備知識がなければ、議論に参加できないからです。

　毎日学校から帰ってくると、百科事典のように分厚い教科書との格闘が始まります。英語を読むスピードが遅い留学生は、課題のページ数を読むだけで数時間を要し、宿題を終えるのは深夜という生活を余儀なくされます。

　しかし、この苦労を経験した人、つまり大量のリーディングを乗り越えてきた人は、例外なく高い英語力を身につけて日本に帰ってくるのです。**アメリカに留学したから英語ができるようになったのではなく、留学中に大量のリーディングを経験したから英語が身についた**のです。

　大量のリーディングを経験すると、頭脳スイッチが「英語思考」へと切り替わります。留学当初は、辞書を片手に英文を一字一句読み進めますが、時間ばかりかかっていつまでも宿題を終わらせることができません。

　そこで、意味があいまいでも最後まで英語を英語のまま読み進めようとします。すると「英語を英語で理解する思考」が働き始めるのです。英語を読み進めながら、ネイティブから個人レッス

ンを受けているような、極度に集中した思考状態を作り出すことができるのです。

　リーディングは主体的な学習です。自分の意思で、内容を理解しようとして読むのですから、大きな学習効果が期待できるわけです。

＼ Review ／

- ✔ 英語教育、第３の目標は「８〜10年の学習期間の確保」
- ✔ 成功のポイントは、学校の勉強「プラス1000時間」の達成
- ✔ 幼児後期〜小学校低学年でリーディング学習を始める
- ✔ かけ流しの効果があるのは乳幼児期まで。小学生以降は主体的な学習が必要
- ✔ 英語習得を短縮するのは「乳幼児期のかけ流し」と「コミュニケーション力」

第 **5** 章

海外留学せず、
家庭学習のみで
「CEFR B2レベル」を
目指す具体的な方法

スタート年齢によって、家庭学習の内容は変わる

　お待たせしました！　いよいよ「日本人の子どものための英語学習法」をご紹介します。

　本章で想定している学習者は、海外留学をせず、家庭学習のみで、中学〜高校時代に「CEFR B2レベル」を目指すというケースです。

　スタート年齢別の学習順序の目安を表にしましたので、参考にしてください。

■ 2〜3歳で英語学習をスタートする場合

■ 4〜5歳で英語学習をスタートする場合

▶ゴールは『ハリー・ポッター』を原書で読むこと!

　学習をスタートする年齢によって、ゴールまでの道のりが多少変わりますが、基本は「フォニックス」→「サイトワーズ」→「リーディングフルエンシー」という順序です。適切な順番で英語学習を進めることで、どの子も必ず英語の本が読めるようになります。

　詳しくは後述しますが、読解力の目安である**Lexile指数**（レクサイル）というものがあります。「CEFR B2レベル」達成のために必要なLexile指数は1000Lと言われており、『ハリー・ポッター』は900～1000Lなので大体一致しています。そのため本書では、「英語で『ハリー・ポッター』が読める！」をゴールと定めます。

　ここまでにかかる期間は、フォニックスで文字学習を始めてから7～8年です。

　2～3歳で英語学習をスタートする場合、フォニックスの前に「フォネミック・アウェアネス」という取り組みが入りますから、トータル学習期間は7～8年よりも長くなります。

　では2～3歳で始めることに意味がないかというと、そんなこ

とはありません。英語のリズム感、音感を身につける最適期は乳幼児期です。乳幼児期に英語学習をスタートするメリットは、正確な発音、語彙力、表現力、リスニング力を（楽に）身につけられることです。

　4〜5歳でスタートする場合、「フォネミック・アウェアネス」を飛ばして、フォニックス学習から始めることができます。英語の音感学習がやや不足しますので、英語の歌を聞かせたり、英語のアニメや動画を見せたりするなど、英語の音環境作りに配慮することが大切です。

　スムーズにリーディング力を身につけることができれば、小学生時代に英語教育のゴールである「CEFR B2レベル」達成も可能です。

　6歳以上でスタートする場合もフォニックス学習から始めます。小学生になると、英語学習に対するモチベーションをいかに維持できるかが学習成果を左右します。「英語＝勉強」とならないように、楽しさや達成感を実感させつつ英語学習に取り組むことが大切です。

　また小学生以上の子どもは好き嫌いがはっきりしてくるので、興味や関心に合った教材やメディアを親が上手に選択することが肝心です。スマートフォンアプリやゲーム、YouTube の動画を英語学習に取り入れるなど、現代のテクノロジーを駆使して柔軟に英語とつき合っていくことが成功の秘訣です。

ステップ 0 フォネミック・アウェアネス
かけ流しで「英語のリズム」を しみこませる

> ※ご注意 「ステップ0：フォネミック・アウェアネス」は、4〜5歳未満の乳幼児に英語教育をスタートする方が対象です。5歳以上の子ども、あるいは、5歳未満でもすでに英語教育を2年以上行っている場合、「ステップ1：フォニックス」（137ページ）へお進みください。

　アメリカの学校には、世界各国から移り住んできた移民家族の子どもたちが通ってきます。移民生徒の英語力向上に「効果あり」と裏づけられた指導法が、文字を教える前に、英語の音やリズムに慣れさせる「フォネミック・アウェアネス」と呼ばれる取り組みです。

▶音感的リズムに馴染んでいると、文字学習への移行がスムーズになる

　世界中の言葉には、それぞれ独自のリズムがあります。生まれてきた赤ちゃんは言葉の意味を理解するよりも先に、母親や周囲の人の言葉によって「言葉のリズム」を身につけます。言葉のリズムには2つあり、1つが **「文法的リズム」**、そしてもう1つが **「音感的リズム」** です。

　文法的リズムとは、大雑把に言えば語順のことです。たとえば英語で「I love you」は「S+V+O」という語順で、日本語の「（私は）あなたが大好きよ」は「S+O+V」とは語順が異なりま

第5章　海外留学せず、家庭学習のみで「CEFR B2レベル」を目指す具体的な方法　　123

す。文法的リズムとは、それぞれの言語が持つ文法習慣やルールによって生じるリズムです。

　一方、音感的リズムとは言葉の持つ特徴的な音のことです。日本語には「だるまさん、だるまさん、にらめっこしましょ」「ずいずいずっころばし」などの擬態語・擬音語がふんだんに使われた「わらべ歌」がたくさんあります。また五・七・五の俳句に代表される独特なリズムがあります。

　同様に英語にも「Hickory, Dickory, Dock」や「Hey, diddle, diddle」などのわらべ歌に見られるライム（押韻）が英語独特のリズム感を作り出しています。

　これら言葉の持つ特徴的なリズムを言語学習に取り入れることで、文字学習への移行がスムーズになるのです。

ステップ 0 フォネミック・アウェアネス❶ 乳幼児期は「かけ流し」でリズム感を鍛える

　英語習得の近道は、「英語を正しく読む力」を身につけること。それを促進してくれる取り組みが「フォネミック・アウェアネス」です。

　英語の音感やリズム感が身につくと、英語のリーディング習得が迅速に進むことはもちろん、リスニング力、スピーキング力も短期間で向上します。

　日本では「フォネミック・アウェアネス」指導はあまり普及していないので、（乳幼児がいる場合は）ご家庭で実践することをお勧めします。

　英語圏の子どもたちは、周りの人が話す言葉に加えて、マザーグースやナーサリーライムと呼ばれる「わらべ歌」を通して英語のリズムを身につけていきます。

　英語の特徴である韻を踏んだリズミカルな語呂（ライム）の良さは、単語を構成する音を聞き分ける耳を鍛えてくれます。この経験が豊かなほど、本格的にフォニックスを習い始めた時に、抵抗なく音から文字の世界に入っていくことができるのです。

　日本人家庭で「フォネミック・アウェアネス」を取り入れるのは簡単です。マザーグース、ナーサリーライム、季節の歌などを**「かけ流しておけばよい」**のです。

第5章　海外留学せず、家庭学習のみで「CEFR B2レベル」を目指す具体的な方法　　125

▶英語をかけ流すときの注意点

1、子どもに気づかれないくらいの「小さな音量」でかけ流す

　決して子どもに「英語を聞かせよう」としないでください。小さすぎて聞こえないだろうと音量を上げると、英語の音が耳につくようになり、子どもが英語を嫌がるようになります。

　同様に、英語の歌が親の耳につくようでしたら、音量をさらに下げてください。親も気にならない程度の小さな音量で、子どもにとっては十分なのです。

　しつこいようですが、子どもに「英語の存在を意識させないこと」がかけ流しの原則です。

2、同じ歌を何度も繰り返し子どもの耳に入れる

　親の仕事は、リピート再生機能などを使って同じ歌をかけ流すことだけです。親としては次々に新しい歌を聞かせたくなりますが、「繰り返し」が子どもにとっては最高の学習方法であることを知ってください。さすがに1曲だけを繰り返せば子どもも気づきますから、10〜20曲程度のプレイリストをリピート再生することをお勧めします。

　この時、教育的な働きかけは一切不要です（むしろ教育的なことをしないほうがうまくいくケースが多いです）。子どもが1人で遊んでいる時、食事の時間、本を読んでいるときなど、「他の何かに集中している時」に聞かせると最も効率的にインプットできます。

3、1日1時間〜2時間が目安

　かけ流しをする時間は、1日1時間〜2時間が目安です。ＣＤ

ならアルバム全体を2〜3回繰り返しかけ流すイメージです。毎日欠かさず実践してください。

子どもがうるさがったらボリュームを下げましょう。繰り返しますが、子どもに気づかれないようにかけ流すことがポイントです。

4、会話をしても大丈夫

かけ流しをしている時に子どもと会話をしても構いません。「よく聞こえないだろう」と静かにしている必要はありません。テレビをつけていても構いません。

幼い子どもの脳は身の回りの情報を全て吸収しますから、意識を向けていなくてもきちんとインプットされています（ただし、小学生以上はかけ流しに加えて主体的な学習〈読み書き〉を取り入れることが必要です）。

第5章　海外留学せず、家庭学習のみで「CEFR B2レベル」を目指す具体的な方法

ステップ

0

フォネミック・アウェアネス❷

どんな歌を
かけ流したらいいか?

【マザーグース、ナーサリーライム】

　YouTube で「Mother Goose」「Nursery Rhymes」「Children's Song」と検索すれば、マザーグースやナーサリーライムのプレイリストを見つけることができます。

　これらの歌は1曲が短いですから、最低でも10曲以上のプレイリスト、あるいは30分〜1時間程度の動画を見つけてかけ流すようにしましょう。1つのプレイリストを最低1週間は繰り返しかけ流してください。動画の場合、画面を見せる必要はありません。

【季節の歌】

　ハロウィーンやクリスマスの時期には「季節の歌」をかけ流すと、欧米の文化知識もインプットできます。「Christmas Songs for kids」「Holiday Songs for kids」などと検索してみましょう。たくさんのプレイリストが見つかります。

【手遊びの歌】

　英語にはたくさんの手遊び歌があります。「Open Shut Them」「One Little Finger」「Itsy Bitsy Spider」などは定番の手遊び歌です。これらは「Finger Play Songs」「Action songs」と検索すれば見つかります。

　手遊び歌も基本は「かけ流し」です。繰り返しかけ流していると、子どもはメロディーを覚えてしまいます。その段階で親が手

遊び歌を歌ってあげると子どもは興味を持ちます。

　YouTube の動画を見せながら「一緒に遊ぼう！」と言っても子どもは喜びません。親が手遊び歌と動作を覚えてから、子どもと一緒に遊ぶようにしてください。

【アルファベットの歌、フォニックスの歌】

　3歳以上の子どもには、アルファベット、フォニックス、ライミングの歌を聞かせることで「フォネミック・アウェアネス」を育てることができます。

「Alphabet songs」「Phonics Songs」「Word Family Songs」「Rhyming Songs」などと検索してみましょう。

　これも基本は「かけ流し」です。「文字を教える歌だから」と動画を見せようとする必要はありません。最初はかけ流しでメロディーを覚えさせることが大切です。その上で子どもと一緒にブロックや絵本を使って「ABC」などと言いながら遊んでください。

■ かけ流しにおすすめの曲の例

Baa, Baa, Black Sheep	Head, Shoulders, Knees and Toes
BINGO	Teddy Bear, Teddy Bear, Turn Around
Twinkle, Twinkle, Little Star	If You' re Happy and You Know It
Star Light, Star Bright	London Bridge is Falling Down
Jack and Jill	ABC Song
I' m a Little Teapot	Pop Goes the Weasel
The Muffin Man	Skidamarink
This Little Piggy	Rock-a-bye Baby
Three Blind Mice	Five Little Ducks
Itsy Bitsy Spider	Hush Little Baby

Old MacDonald Had a Farm	Hot Cross Buns
Hey, Diddle, Diddle	Rain Rain Go Away
Open Shut Them	A Sailor Went to Sea
Mary Had a Little Lamb	John Jacob Jingleheimer Schmidt
Hickory, Dickory, Dock	The Ants Go Marching
This Old Man	Jack Sprat
Humpty Dumpty	Little Miss Muffet
Wheels on the Bus	Baby Bumblebee
Yankee Doodle	Peas Porridge Hot
Little Jack Horner	Five Little Speckled Frogs
This is the Way	Down by the Bay
Looby Loo	To Market To Market
The Hokey Pokey	The Mulberry Bush
Eeny, Meeny, Miny, Moe	The Farmer in the Dell
Row Row Row Your Boat	Ringa Ringa Roses
Rub a Dub Dub	Under the Spreading Chestnut Tree

ステップ 0 フォネミック・アウェアネス❸
3〜5歳は「読み聞かせ音声」も効果大

　3歳以上の子どもには、わらべ歌に加えて、**オーディオブック**と呼ばれる本の音声をかけ流すと効果大です。

　最近は**Audible.com**など、インターネットで絵本のオーディオだけを販売しているサイトがあります。テクノロジーを「フォネミック・アウェアネス」作りの助けとして、最大限活用してください。

　「イソップ／ Aesop」「ファーブル／ Fabre」「グリム／ Grimm」「アンデルセン／ Andersen」などの童話やおとぎ話（Folk Tale ／ Fairy Tale）のかけ流しもお勧めです。

　YouTube には「Fairy Tales and Stories for Kids」「KiddoStories」「English Fairy Tales」など、たくさんの教育チャンネルがありますので活用してください。**画像は見せず、音声だけを聞かせるのがポイント**です。

■ かけ流しに適した童話やおとぎ話

アリとキリギリス	The Ant and the Grasshopper
ウサギとカメ	The Hare and the Tortoise
北風と太陽	The North Wind and the Sun
金の斧	Mercury and the Wood Cutter
熊と旅人	The Bear and the Two Travelers
はだかの王様	The Emperor's New Clothes
みにくいあひるの子	The Ugly Duckling
親ゆび姫	Thumbelina

第5章　海外留学せず、家庭学習のみで「CEFR B2レベル」を目指す具体的な方法　131

マッチ売りの少女	The Little Match Girl
3匹の子ぶた	The Three Little Pigs
3匹のクマ	Goldilocks and the Three Bears
アラジンと魔法のランプ	Aladdin and the Magic Lamp
アリババと40人の盗賊	Ali Baba and the Forty Thieves
ジャックと豆の木	Jack and the Beanstalk
ピノキオ	Pinocchio
シンデレラ	Cinderella
赤ずきんちゃん	Little Red Riding Hood
ヘンゼルとグレーテル	Hansel and Gretel
ブレーメンの音楽隊	The Bremen Town Musicians
眠れる森の美女	Sleeping Beauty
ラプンツェル	Rapunzel
オオカミと七匹の子やぎ	The Wolf and the Seven Kids
人魚姫	The Little Mermaid
えんどう豆の上のお姫さま	The Princess and the Pea

▶絵本の音声をかけ流すのも良い

　下記は、英語圏の親が子どもに読んであげる定番絵本です。これらの音源のほとんどは「Audible.com」で入手できます。

■ かけ流しに適した絵本
＊邦訳出版されているもの

Brown Bear, Brown Bear, What Do You See? (Bill MartinJr ／ Eric Carle)
『くまさん　くまさん　なにみてるの?』

The Very Hungry Caterpillar (Eric Carle)
『はらぺこあおむし』

Where the Wild Things Are（Maurice Sendak）
『かいじゅうたちのいるところ』

Goodnight Moon（Margaret Wise Brown）
『おやすみなさい　おつきさま』

The Runaway Bunny（Margaret Wise Brown）
『ぼくにげちゃうよ』

The Rainbow Fish（Marcus Pfister）
『にじいろのさかな』

The Giving Tree（Shel Silverstein）
『おおきな木』

GO, Dog. Go!（P.D. Eastman）
『それいけ、わんちゃん!』

Are You My Mother?（P.D. Eastman）
『あなたがぼくのおかあさん?』

Pat the Bunny（Dorothy Kunhardt）
『ぱたぱたバニー』

I Wish You More（Amy Krouse Rosenthal）
『おかあさんはね』

Where's Spot?（Eric Hill）
『コロちゃんはどこ?』

If You Give a Mouse a Cookie（Laura Numeroff）
『もしもねずみにクッキーをあげると』

Guess How Much I Love You（Sam McBratney）
『どんなにきみがすきだかあててごらん』

Caps for Sale（Esphyr Slobodkina）
『おさるとぼうしうり』

Oh, the Places You'll Go!（Dr. Seuss）
『きみの行く道』

第 5 章　海外留学せず、家庭学習のみで「CEFR B2レベル」を目指す具体的な方法

＊未邦訳のもの

"Dr. Seuss's ABC" "Green Eggs and Ham" (Dr. Seuss)
英語圏の子どもが必ず読む定番シリーズ。サイトワーズ（161 ページ）を
習い始めた子ども向け。

"One, Two, Three!" "Moo, Baa, La La La!" "Belly Button Book!"
(Sandra Boynton)
動物キャラクターが特徴の絵本。動物好きな子どもに最適。

"Chicka Chicka Boom Boom" (Bill Martin Jr)
アルファベットの文字がキャラクターで登場する絵本。簡単でリズミカルな
文章なので英語初心者でも読みやすい。

"Best First Book Ever" "I Am a Bunny" "The Rooster Struts"
(Richard Scarry)
可愛いイラストが満載の教育絵本。動物キャラクターが多数登場します。

"Is Your Mama a Llama?" (Deborah Guarino)
ライム（音韻）を多用した、かけ流しに適した絵本。

"Sheep in a Jeep" (Nancy Shaw)
ライム（音韻）を多用した、かけ流しに適した絵本。

"Little Blue Truck" (Alice Schertle)
青いトラックがメインキャラクターの絵本。様々な動物の鳴き声が楽しめま
す。

"Silly Sally" (Audrey Wood)
逆立ちして後ろ歩きするサリーが多くのおかしな動物たちと出会う話。

"Jamberry" (Bruce Degen)
たくさんの「berry」をリズミカルなセンテンスで楽しむ絵本。イラストも楽しい。

"Five Little Monkeys Jumping on the Bed" (Eileen Christelow)
やんちゃな5匹の子猿が登場する絵本。ベッドで飛び跳ねてケガをしてしま
います!

"One, Two, Buckle My Shoe" (Jane Cabrera)
マザーグースで有名な英語の数え歌絵本。たくさんの動物が登場します。

"Peek-a Who?" (Nina Laden)
英語の「いないいないばあ」に相当する遊びが「peek-a-boo」です。
乳幼児向け。

ステップ0 フォネミック・アウェアネス❹
ステップ1に進むタイミングは？

「フォネミック・アウェアネス」（英語のかけ流し）を半年〜1年、あるいは子どもの年齢が4〜5歳になったらフォニックス学習をスタートできます。子どもによって文字に興味を持つタイミングが異なりますので、見極めが大切です。

最も分かりやすい目安は、子どもが「日本語の文字に興味を持った時」です。日本語の絵本に興味を示したり、自分の名前やきょうだいの名前が読めるようになったら、英語の文字も教えてみましょう。

子どもにとって文字学習は、文字というシンボルと、そのシンボルが持つ音をマッチングする「ゲーム」なのです。「文字には音がある」というルールを理解できれば、フォニックス学習をスタートしても大丈夫です。

「日本語と英語を同時に教えると混乱するのでは？」と心配する方がいますが、全く問題ありません。

繰り返しますが、子どもにとって文字学習はゲームです。「あ＝あ」「A＝エイ」「1＝いち」というように、シンボルと音をマッチングするという点において、子どもにとってはゲー

ムなのです。

　極端なことを言えば、ひらがなカードの中にアルファベットや数字のカードを交ぜて教えても構わないのです。好きなアニメのキャラクターや昆虫の名前をたちまち覚えてしまうように、子どもが興味を持てば、世界中のどんな文字でもすぐに覚えることができます。

　大切なのは、教える時の親の態度です。教育的・学問的に教え込もうとするのでなく、**子どもと一緒に「ゲームを楽しむ」という感覚で向き合うことを忘れないでください。**
　まずはアルファベット絵本やアルファベットチャートを使って「エイ、ビー、シー」とアルファベット読みを教えてみましょう。子どもが英語の文字に興味を示せば、フォニックス学習をスタートするタイミングと判断してください。

\ **Review** /

- ✓ **４～５歳未満の乳幼児は「フォネミック・アウェアネス」からスタート**
- ✓ **マザーグースやナーサリーライムをかけ流す**
- ✓ **３歳以上はオーディオブックのかけ流しも効果大**
- ✓ **かけ流しは「気づかれないこと」がポイント**
- ✓ **同じものを繰り返しかけ流す**
- ✓ **ひらがなとアルファベットは同時に教えても大丈夫！**

ステップ 1 フォニックス
アルファベットの「音」を学ぶ

日本でも最近注目され始めているフォニックス（phonics）は、日本語の「かな五十音」に該当するものです。「A＝ア」「B＝ブッ」「C＝クッ」とアルファベット26文字の「音」を教えます。

たとえば「CAT」をフォニックスでは「C＝クッ」「A＝ア」「T＝トゥッ」と分解して教えます。フォニックスを学ぶことで、子どもは知らない単語でも音声化できるようになります。

英語圏ではキンダーガーテン（4〜5歳）からフォニックス学習が始まりますが、日本でフォニックスをしっかり学んだ人は少ないのではないでしょうか。**日本の英語教育からすっぽり抜け落ちてしまっているのがフォニックスです。**

もちろん一昔前はフォニックスを教えられる講師がほとんどいませんでしたから仕方ありませんが、今は日本にもフォニックス指導ができるネイティブ講師がたくさんいます。

またインターネットを活用することで、英語圏の学校や家庭で使われているフォニックス教材を日本で使用することも可能になりました。

さらに、スマートフォンやタブレットでフォニックスを学べるアプリやゲームもたくさん開発されています。現代のテクノロジーを最大限活用すれば、日本国内で、さらに言えば、家庭教育だけでフォニックスを学ぶことが可能になったのです。

第5章　海外留学せず、家庭学習のみで「CEFR B2レベル」を目指す具体的な方法　137

出身国にかかわらず、高い英語力を獲得した子どもに共通するのが「高度なリーディング力」を身につけていることと前述しました。「高度なリーディング力」とは、英語の本がスラスラと流暢に読め、さらに、読んだ内容を一度で理解できる力です。

　言うまでもなく、「高度なリーディング力」は一夜にして身につくものではありません。**まずは「単語を正しく読む技術＝フォニックス」から、順序立てて学んでいくことが必要**です。

　本項では、高度なリーディング力を身につける最初のステップであるフォニックス学習についてご紹介していきます。

　学習を始める最低年齢は４〜５歳が目安です。小学生以上はフォニックスからのスタートです！

▶フォニックス学習の進め方

　フォニックスには「44種の音」と「120通りの綴りパターン」があります。本項では、フォニックスの基本となるアルファベット26文字、そして３〜４文字単語の学習法までをご紹介します。

　基本のやり方が分かれば、他の「音」や「綴り」も学習方法は同じです。子どもの習熟度に応じて、５文字単語、６文字単語とフォニックスの難易度を上げていけばよいのです。

　まずは超基本からご説明します。英語のアルファベットには２つの読み方があります。１つは「ABCDE ＝エイ　ビー　シー　ディー　イー」です。これはアルファベットの「名前」であり、フォニックスの「44種の音」ではありません。

　アルファベットの「名前」を覚えても簡単な３文字単語すら読

むことができません。「CAB ＝シー　エイ　　ビー」となってしまいます。

　もう一つの読み方が「abcde ＝ア　ブックッ　ドゥエ」で、これがアルファベットの「音」です。これを本書では「フォニックス読み」と呼びます。フォニックス読みを学ぶことで「cab ＝クッアブ」と正しい発音で単語が読めるようになります。

　ではアルファベットの「名前」を子どもに教える必要がないかと言えば、そんなことはありません。たとえば自分の名前を相手に伝える時に「My name is HIRO. エイチ　アイ　アール　オー」とアルファベットの名前を使うケースが多くあります。

　フォニックス指導は、アルファベットの「名前」と「音」を同時に教えるのが一般的です。

　やり方は簡単。

> **A says a, a, a ／エイ セッズ ア、ア、ア**
>
> **B says b, b, b ／ビー セッズ ブ、ブ、ブ**

　という要領で「名前」と「音」をセットで教えます。英語を初めて学ぶ子どもの場合、いきなり文字から入るのでなく、フォニックス動画を見せたり、フォニックスの歌を聞かせて、英語の音に耳を慣らしておくことをお勧めします。

　YouTube で「Phonics Song」「Letter Sounds Song」と検索すれば、ネイティブ音声入りの動画がたくさん見つかります。それらを親子で一緒に見て、英語の音と文字に対する免疫をつけたらフォニックス学習のスタートです！

第 5 章　海外留学せず、家庭学習のみで「CEFR B2レベル」を目指す具体的な方法

ステップ **1** フォニックス❶
アルファベットチャートで文字と音を一致させる

　フォニックス学習の必需品は「アルファベットチャート」です。お勧めは大文字と小文字の両方がプリントされているもの、イラストが含まれるものです。

　年齢の小さい子どもはイラストを見ているだけでボキャブラリーを増やすことができます。

＊このチャートは私のブログからダウンロード可能です。ぜひご活用ください。
ameblo.jp/tlcforkids

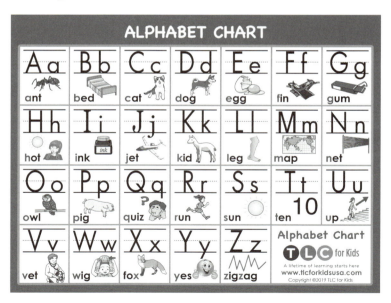

▶文字と音の教え方

教える時は、親がチャートの文字を指差しながら

> A, a, ant ／エイ、ア、アント

> B, b, bed ／ビー、ブッ、ベッド

と読んで聞かせます。大文字［A］を指して「エイ」、小文字［a］を指して「ア」、［ant］の文字（イラスト）を指して「アント」という要領です。

子どもが文字に興味を示さなくても、**「親が楽しそうに読むこと」がポイント**です。親が楽しそうにしていると、子どもは必ず興味を持ちます。子どもが興味を持つまで、無理強いは禁物です。

26文字を一度に教えても飽きてしまいますから、まずは「A, B, C, D, E」の5文字を教えてみましょう。「A, a ／エイ、ア」「B, b ／ビー、ブッ」「C, c ／シー、クッ」と「名前と音」だけを教えたり「a, a, ant、b, b, bed、c, c, cat」という要領で「音と単語」だけを教える方法もバリエーションとして取り入れてください。

＊フォニックス読みの音声は YouTube で「TLC フォニックス」「フォニックス読み A〜L ／M〜Z」と検索すれば見つかります。

フォニックス学習を始めたら、アルファベットチャートを子どもの目に入る場所（高さ）に貼りましょう。**子どもは目に入るものを無意識に反復学習します。チャートを貼っておくだけで自主学習してくれますので、ぜひ実行してください。**

▶フォニックス読み一覧表

　発音をネイティブに近づける、口や唇、舌などの使い方を説明します。親のための発音のコツです。子どもに説明する必要はありません。

A says a [a, a] ant
口を横に思い切り開いた状態で下あごを下げて「ア」

B says b [b, b] bed
唇を閉じて丸め込み「ブッ」と一気に空気を前に出す

C says c [c, c] cat
口の奥で「クッ」と響かせる

D says d [d, d] dog
舌先を上歯の裏につけ、はじきながら「ドゥ」

E says e [e, e] egg
口を横に大きく開き笑顔で「エッ」

F says f [f, f] fin
下唇を上歯で押さえ、隙間から「フー」と空気を出す

G says g [g, g] gum
口の奥で「グッ」としっかり響かせる

H says h [h, h] hot
お腹から空気を吐き「ハッ」／気合いを入れる感じ

I says i [i, i] ink
口を横に大きく開いて「イッ」

J says j [j, j] jet
口をすぼめて、舌先を上歯ぐきではじき「ジュッ」

K says k [k, k] kid
口の奥で「クッ」と響かせる／[c] と同じ音

L says l [l, l] leg
舌先を上歯の裏につけて「ル」／舌裏が相手に見える

M says m [m, m] map
唇を閉じて丸め込んだ状態で鼻から「ムー」

N says n [n, n] net
舌先を上歯ぐきにつけた状態で鼻から「ンー」

O says o [o, o] owl
口を縦に大きく開き［O］の形を作り「ア」／オでなくア

P says p [p, p] pig
唇を閉じて丸め込み「プッ」と一気に空気を前に出す

Q says q [q, q] quiz
口の奥で「クヮ」と響かせる／あひるの鳴き声

R says r [r, r] run
口をラッパの形にして突き出し、舌を口の奥に引き「アー」

S says s [s, s] sun
上下の歯を合わせ、隙間から「スー」と息を出す

T says t [t, t] ten
舌先を上歯の裏につけて、はじく瞬間に「トゥッ」

U says u [u, u] up
口を軽く開き、口の奥（喉）から「ア」

V says v [v, v] vet
下唇を上の歯で押さえ、隙間から「ヴー」と空気を出す

W says w [w, w] wig
口をタコの形にして前に強く突き出した状態で「ゥワ」

X says x [x, x] fox
[k] と [s] の組み合わせ。素早く「クス」

Y says y [y, y] yes
口をすぼめ、舌先を上歯の裏につけて「ユッ」

Z say z [z, z] zigzag
上下の歯を合わせ、隙間から「ズ」と息を出す

ステップ1 フォニックス❷ アルファベットカードで遊ぶ

　前項の「アルファベットチャートで文字と音を一致させる」と同時進行でできる、遊びながら文字と音を覚えられる方法をご紹介します。まず、3種類のカードを作ります。

▶カードの作り方

1 アルファベットチャートを切り取ったイラスト入りカード

　140ページのチャートをダウンロードしていただいてもいいですし、インターネットで「Alphabet Chart」「Free Alphabet Chart」「Printable Alphabet Chart」と検索して見つけたものでもいいので、チャートをプリントアウトしてください。これを台紙に貼り付けます。

　台紙は「白紙カード」や「白紙フラッシュカード」と検索して購入することができます。サイズはトランプよりもやや大きいくらいが使いやすいです。

2 アルファベット26文字の大文字カード

　パソコンでアルファベット26文字の大文字をワードなどにタイプして印刷し、それを台紙に貼り付けます。

3 アルファベット26文字の小文字カード

　2の小文字バージョンです。

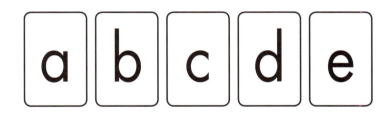

　アルファベット26文字×3種で、合計78枚の台紙カードが必要です。「面倒くさい！」と思うかもしれませんが、一度作ればずっと使えますから、ぜひ作ってください。
　カードを使うと、ゲーム感覚で楽しくフォニックスを覚えていくことができます。
　次ページからカードの使い方を説明します。

▶アルファベットカードの使い方

1 アルファベット順に並べるゲーム（使用カード❷❸）

「A」〜「Z」までアルファベット順にカードを並べる遊びです。親が大文字カード、子どもが小文字カードをそれぞれシャッフルして持ち、「よーいどん！」でアルファベット順に並べていきます。先に全部並べた人が勝ちです。

2 大文字小文字のマッチングゲーム（使用カード❷❸）

大文字カードを床に並べます。小文字カードを親子で半分ずつ分けます。大文字カードの上にマッチする小文字カードを重ねていきます。早く手持ちカードがなくなった人の勝ちです（小文字カードを並べて、大文字を重ねる方法もOKです）。

3　大文字と小文字の神経衰弱（使用カード❷❸）

　大文字と小文字カードを伏せた状態で床に並べます。神経衰弱の要領で、カードをめくってマッチングさせていきます。

　最初は5組くらい（ABCDE／abcdeの10枚）からスタートしましょう。よりたくさんのカードを集めた人の勝ちです。

4　カルタ取り（使用カード❷❸）

　大文字カードを床に並べます。カルタ取りの要領で、親が「ビー」と読み上げたら「B」のカードを取ります。

　同様に小文字カードを並べてフォニックス読みでカルタ取りをしましょう。親が「ブ」と読み上げたら「b」のカードを取ります。「ク」は「c」と「k」のどちらでもOKです。

5　単語カード取り（使用カード❶）

　イラスト入りカードを床に並べます。親が「ドッグ」と読み上げたら「Dog」のカードを取ります。より多くのカードを取った人が勝ちです。

6　名前作り遊び（使用カード❷❸）

　子どもの名前の綴りを教えます。カードを並べ替えて名前を作ります。「TOSHIO」のように「O」が2つある場合は大文字と小文字カードの両方を使ってください。

ステップ
1 フォニックス❸
フォニックスは
ゲーム感覚で教える

　繰り返しますが、フォニックスはゲーム感覚で教えることが大切です。ご紹介したチャートやカードの他にも、音が出るフォニックス玩具、アプリやゲームなどを活用して楽しく取り組むことを忘れないでください。

　特に6歳未満の幼い子どもにフォニックスを教える場合は、**「親子で楽しく遊ぶ時間」**であることを心がけましょう。英語を教え込もうという気持ちが強いと、子どもが逃げていきますので注意しましょう。

　フォニックスの定着には「文字を書く取り組み」が不可欠なのですが、文字書きを取り入れるタイミングについては配慮が必要です。筆圧が弱く、まだ上手に書けない乳幼児に書く取り組みをすると、文字学習を楽しむことができず、文字嫌いになることがあります。

　筆圧が弱い子どもには、ホワイトボードと水性マーカー、お風呂でお絵描きセットなど、指先の力が弱くても楽しく書ける道具を活用してください。

　小学生以上の子どもには、フォニックスワークブックを購入して取り組ませてみましょう。Amazonなどの通販サイトで「Phonics workbook」と検索すれば、英語ネイティブが使うワークブックがたくさん見つかります。

　まずは「Grade K」「Grade 1」を購入して試してみましょう（「Grade K」は「kindergarten」のKです。アメリカでは小学

１年生に上がる前の１年間〈５歳〉が「kindergarten」です）。

ワークブックはネイティブ向けのもので、英語だけで書かれたものがお勧めです。フォニックスワークブックにはたくさんのイラストが含まれていますから、英語初心者の子どもでも意味を推察することができます。

▶YouTubeで「フォニックス動画」の視聴を日課にする

フォニックス学習をスタートしたら、YouTube でフォニックス動画を見ることを日課にしましょう。「小学生以上にかけ流しは効果なし」と述べましたが、これは「無意識のかけ流しで英語を定着させることはできない」という意味です。

子どもが主体的にフォニックス動画を見ることは大いに意義があります。発音が良くなることはもちろん、リスニング向上やボキャブラリーの構築にも効果があります。

さらに、英語に対する学習意欲を引き出すことができますのでYouTube を積極的に活用しましょう。見せる動画はフォニックスに限定する必要はありません。英語のアニメや子ども向け番組（PBS KIDS と検索→204ページ）でも構いません。

▶フォニックスは英語オンリーで教える

フォニックスはできるだけ日本語を介さずに、英語だけで教えることがポイントです。日本語が発達途上の子どもに「これはエイよ、発音はアよ」というように日本語と英語をミックスして教えると、何が日本語で、何が英語なのか、よく分かってもらえないことがあります。

英語教育を成功させるには、英語のコップ（英語思考）に英語

情報を大量インプットすることでした。すなわち「A, a, ant ／エイ、ア、アント」と英語オンリーで教えることが原則です。

「発音に自信がない親が教えても大丈夫なの？」と心配になるかもしれませんが、CD や YouTube などでネイティブ英語を聞かせていれば大丈夫です。

子どもは大人よりも耳が良いですから、ネイティブ英語を聞くだけで正しく再現することができます。YouTube で「Phonics」「Alphabet and Letter Sounds」と検索すれば、たくさんのフォニックス動画が見つかります。日常的にネイティブ発音を聞かせていれば、親の発音でフォニックスを教えても何ら問題ありません。

▶「リピートしてみて」「これは何て読む?」はNG

子どもにリピートを期待する親（指導者）がいますが、リピートは不要です。**まずはインプットに徹してください。** もし子どもが自分からリピートしてきたら「すごいね！　英語が読めるね！」と大げさに褒めてあげましょう。

また「これは何て読むの？」と習熟度をテストする必要もありません。「これは何？」「これは？」と次々に質問すると、子どもが文字嫌いになることがあるので注意してください。

くれぐれも、「ゲーム感覚」を忘れないように！

ステップ 1
フォニックス❹
ワードファミリーを教える

　フォニックスでアルファベット26文字の音を覚えたら、次に「ワードファミリー」と呼ばれる文字グループの読み方を教えます。

**　ワードファミリーというのは、ライム（韻＝終わりの音が同じ単語）で単語の読み方を教える方法です。**

　たとえば「cat」と「hat」は終わりの音が「at」でライムしています。同様に「bat」「fat」「mat」「sat」「rat」「pat」などのライム単語を教えると、どの子も、たちまちたくさんの3〜4文字単語が読めるようになります。

　テンプル大学のリチャード・ワイリーとボストン大学のドナルド・ドゥレル教授の研究によると、頻出するワードファミリーは37種。

短母音ワードファミリー　22種

at, an, ap, ack, ank, ash, ell, est, it, in, ip, ill, ick, ing, ink, op, ot, ock, ug, uck, ump, unk

---

長母音ワードファミリー　15種

ain, ake, ale, all, ame, ate, aw, ay, eat, ice, ide、ight, ine, oke, ore

＊長母音と短母音

　英語の母音には２通りの発音があります。１つが短母音で「a＝
ア、e＝ エ、i＝ イ、o＝ オ、u＝ ア」と発音します。もう一つが長
母音で「a＝ エイ、e＝ イー、i＝ アイ、o＝ オウ、u＝ ユー」と発
音します。

　短母音ワードファミリーは「at, est, in, op, ug」のように母音
を「ア、エ、イ、オ、ア」と読む単語群です。長母音ワードファ
ミリーは「ake, eat, ice, oke」など母音を「エイ、イー、アイ、
オウ、ユー」と読む単語群です。

　教え方は簡単です。以下のようにワードファミリー（ここでは
［at］）の前に１文字、子音を足して、つなげて読む練習をすれば
よいのです。

「c ／ク」and「at ／アット」make the word「cat ／クアット」
「h ／ハ」and「at ／アット」make the word「hat ／ハアット」
「m ／ム」and「at ／アット」make the word「mat ／ムアット」
「r ／ル」and「at ／アット」make the word「rat ／ルアット」
「s ／ス」and「at ／アット」make the word「sat ／スアット」

▶アルファベットカードでワードファミリーの練習をする

　145ページのアルファベットカードを使ってワードファミリー
の練習をしましょう。［a］と［t］のカードを並べて「at ／アッ
ト」を作ります。［at］の前に任意のカード（子音）を置き、つ
なげて発音します。まずは親が手本を見せてあげましょう。

　文字をつなげて発音することが目的ですから、実在しない単語
でも構いません。親子で順番に［at］の前にカードを置いて読む

第５章　海外留学せず、家庭学習のみで「CEFR B2レベル」を目指す具体的な方法　　153

遊びをしてみましょう。

「c／クッ」and「at／アット」make the word「cat／クッアット」

「m／ム」and「at／アット」make the word「mat／ムアット」

「h／ハッ」and「at／アット」make the word「hat／ハッアット」

「r／ル」and「at／アット」make the word「rat／ルアット」

　同様に［est］［it］［ot］などのワードファミリーの前に1枚カードを置いて、つなげて読む遊びをしてみましょう。

　また、ホワイトボードに［at］と書き、その前にマグネットの文字をつけたり、1文字書き足して読む練習をするのも楽しいです。

▶ワードファミリー絵本を読んでみる

　アメリカの子どもたちに人気のワードファミリー絵本が「Bob Books」です。Bob Booksの「Set 3：Word Families」には、「Mat sat. Sam sat. Mat sat on Sam.」というように、ワードファミリーを含む3文字単語がたくさん出てきます。

Scholastic 社から出版されている「Word Family Readers Set」という絵本セット、Lakeshore 社から出版されている「Beginning Readers Word Family Books」という絵本セットもアメリカで人気です。1ページに2行程度の短い文章とイラストが書かれた絵本で、ワードファミリーで習う単語を多く使って文章が作られています。

最近は日本の Amazon でも手に入るようなので、気になる方はチェックしてみてください。

▶まずは短母音ワードファミリーを教える

フォニックス学習で多くの子どもが混乱するのが「短母音と長母音の読み分け」です。**短母音と長母音をランダムに教えるのではなく、まずは「短母音ワードファミリー」をマスターすることが大切**です。

以下を参考に、短母音ワードファミリーを含む3文字、4文字単語がきちんと読めるまで丁寧に指導してください。

■ 短母音ワードファミリー

at	bat fat cat hat mat pat rat sat vat brat chat flat
an	ban man pan fan can van tan bran clan plan span than
ap	cap nap gap map clap scrap strap trap
ack	back pack sack lack snack crack track black
ank	bank dank hank rank sank tank yank blank thank crank
ash	bash cash dash hash lash mash rash sash smash crash flash
ell	yell tell well bell cell fell shell smell spell

第5章　海外留学せず、家庭学習のみで「CEFR B2レベル」を目指す具体的な方法　155

est	best jest nest pest rest test vest west zest chest crest quest
it	bit fit hit pit sit wit kit knit quit skit spit twit
in	fin win pin bin kin tin chin skin spin twin
ip	dip hip lip nip rip sip tip zip chip drip flip ship skip snip
ill	bill gill pill fill will mill hill quill drill grill spill Jill
ick	kick lick pick sick slick brick chick click quick
ing	king ping ring sing wing bring sling sting string swing spring
ink	ink link mink pink rink sink wink blink drink stink
op	cop hop mop pop top chop crop drop flop shop stop
ot	cot dot got hot lot not pot tot plot shot slot spot
ock	dock lock mock rock sock block clock dock flock shock smock
ug	bug hug jug lug mug rug tug plug snug shrug
uck	buck duck luck muck puck tuck yuck chuck struck truck stuck
ump	bump dump hump jump pump clump grump slump trump thump
unk	bunk dunk funk hunk junk punk sunk chunk drunk plunk skunk

■ 長母音ワードファミリー

ain	gain main pain rain vain brain chain plain stain train
ake	bake cake fake lake make rake sake take wake brake snake shake
ale	bale gale male pale sale tale scale stale whale
all	ball call fall hall mall tall wall small stall
ame	came fame game lame name same tame blame flame frame shame
ate	ate date fate gate hate late mate rate crate plate skate
aw	jaw law paw raw saw claw draw flaw gnaw straw thaw

ay	bay day hay lay pay ray say way clay gray play spray stray tray
eat	eat beat heat meat neat seat cheat treat wheat
ice	ice dice mice nice rice vice price slice spice twice
ide	hide ride side tide wide bride pride slide stride
ight	fight light might night right sight tight knight flight
ine	dine fine line mine nine pine vine wine shine shrine spine swine
oke	coke Joke poke woke yoke broke choke smoke spoke stroke
ore	bore core more sore tore wore chore shore store

▶ワードファミリーの次は何？

　冒頭で述べた通り、フォニックスには「44種の音」と「120通りの綴りパターン」があります。もちろんこれら全てを学ぶことが理想なのですが、フォニックス全体を系統立てて学べる教材がなかなか見つかりません。

　以下にフォニックスの音と綴りを学ぶ順番を表にしましたので、少々面倒ですが、ステップごとに必要となる動画やワークブックを使って指導にあたってください。

　「短母音ワードファミリー（Short Vowel word Families）」の次は「長母音ワードファミリー（Long Vowel Word Families)」で、その次が「ブレンズ（Blends）」という順序です。YouTubeで検索すれば関連する動画が見つかります。

　動画でネイティブ発音を聞かせてから、カードやワークブックを使ってフォニックスを定着させてあげましょう。

第5章　海外留学せず、家庭学習のみで「CEFR B2レベル」を目指す具体的な方法

■ フォニックスの音と綴りを学ぶ順番の目安

1 アルファベットと文字の音
Alphabet and Letter Sounds

子音 21 文字、母音5文字の音の学習。[c] [g] [s] [x] [y] は２種以上の音があるので追加で学習する必要あり。

➡ ここでステップ2「サイトワーズ」（161 ページ）学習をスタート!　同時進行で学習していく

2 短母音ワードファミリー
Short Vowel Word Families

22 種の短母音ワードファミリーの学習。3文字〜4文字のライム単語の練習。

3 長母音ワードファミリー
Long Vowel Word Families

15 種の長母音ワードファミリーの学習。4文字〜6文字のライム単語の練習。

4 ブレンズ
Blends (Sounds)

[ld] [nd] [nt] [ng] [nk] [st] [mp] [sk] [ft] などの連続子音を含む単語の練習。

5 ダイグラフ
Digraphs (Sounds)

[ch] [sh] [th] [wh] [ph] など2文字で1音を作る単語の練習。

6 二重母音
Variant Vowel Pattern

[oy] [oi] [ou] [ow] [oo] など連続する母音発音を含む単語の練習。

7 Ｒのついた母音
R controlled vowel (Bossy R)

[ar] [air] [er] [or] などＲのつく母音の発音を含む単語の練習。

8 特殊な音と綴り
Multiple Sounds and spellings

[aw] [all] [dge] [zh] [kn] [gn] など特殊な綴りをする単語の練習。

ステップ1 フォニックス❺
YouTubeやアプリで正確な発音を学ぶ

　フォニックス学習には「正確な発音」が要求されますので、ネイティブ音声が収録されたメディアをできるだけ活用してください。

　以下に、ネイティブ発音でフォニックスを学べる YouTube チャンネルやスマートフォンアプリをいくつかご紹介します。

【YouTube動画】

　YouTube はフォニックスに欠かせない優れた学習ツールです。「Phonics」「Phonics for Kids」「Word Families」などのキーワードで検索してみましょう。ネイティブ音声入りの動画をたくさん見つけることができます！

　選ぶポイントは**なるべく短い動画で、発音が聞き取りやすいもの**です。

・Little Fox

　YouTube でフォニックスやリーディングのレッスン動画を見ることができます。聞き取りやすいネイティブ音声とアニメで楽しく学ぶことができます。

・TLC Phonics ／ TLC フォニックス

　私がハワイで運営する英語学校のオリジナルフォニックスソング&レッスンを無料で見ることができます。リズミカルな歌と楽しいイラストで、フォニックスを効率的に覚えることができます。

第5章　海外留学せず、家庭学習のみで「CEFR B2レベル」を目指す具体的な方法　159

【フォニックスのアプリ&ゲーム】

スマートフォンで「Phonics apps」「Free Phonics」と検索してみましょう。ネイティブ発音が多いアプリを選びましょう。こちらは自己責任で購入してください。

・Starfall ABCs

アルファベットの音とフォニックス読みをゲーム感覚で学ぶことができます。たくさんのボキャブラリーも身につきます。

・Starfall Learn to Read

短母音と長母音の使い分けを学ぶことができます。英語初心者の子どもには、やや難しすぎるかもしれません。

\ Review /

- ✔ 4～5歳からフォニックス学習をスタート
- ✔ フォニックスを学ぶと正しい発音で読めるようになる
- ✔ フォニックス学習にはネイティブ音源を使用する
- ✔ できるだけ日本語を介在せずに教える
- ✔ チャートやカードを駆使してゲーム感覚で教える
- ✔ アルファベットの次はワードファミリーを教える

ステップ2 サイトワーズ
「頻出単語を丸暗記」で読書スピードを上げる

フォニックスでアルファベット26文字の「音」を一通り覚えたら、ステップ2「サイトワーズ」学習に取り組みます。**サイトワーズは日本語の「漢字」に該当するもの**で、読書スピードを高め、流暢に本を読むために欠かせない学習です。

サイトワーズ（Sight Words）は「一目で読める単語」という意味です。サイトワーズには［the］や［have］のようにフォニックスのルールでは読めない単語が含まれます。［the］はフォニックス読みでは「トゥ」「ハッ」「エ」となってしまいます。

サイトワーズは、1文字ずつ拾い読むのでなく、**単語ごと丸暗記**します。英語圏の子どもたちは、毎週10～20語のサイトワーズをスペリングテストで覚えていきます。日本の漢字テストと同じですね。

教え方はシンプルで、**よく使われる単語を、よく出る順番で覚えていくだけ**です。ポイントは一目でパッと読めるようになるまで繰り返し学習すること。確実に読めるように根気強く教えてあげてください。

▶サイトワーズを覚えると、かなりの英文が読めるようになる

サイトワーズは学習効果が高く、**頻出100単語を覚えると、あらゆる英文の約50%が読めるようになり、頻出300単語を覚えると、あらゆる英文の約65%～70%が読めるようになる**と言わ

第5章　海外留学せず、家庭学習のみで「CEFR B2レベル」を目指す具体的な方法　　161

れています（絵本から学術書まで）。サイトワーズ学習はリーディング力を身につける近道なのです。

　サイトワーズにはいくつか異なったリストがありますが、英語圏の学校で最もよく使われるのが「Dolch Sight Words」と呼ばれる220単語＋95単語（名詞）のリストです。このリストはインターネットで検索すれば入手できますので、プリントアウトして子どもの目につく場所に貼っておくとよいでしょう。
　また関連するワークブックやフラッシュカードもオンラインで販売されていますから、必要に応じて購入してください。

　覚えるサイトワーズの数は、最低でも Dolch の約300語です。6歳以下の子どもは「読むこと」から学習をスタートしてください。小学生からは「読むこと」「書くこと」を同時進行させましょう。

▶サイトワーズを教えるタイミングに注意!

　サイトワーズを教えるタイミングについて1つ注意です。158ページの図でも説明したように、サイトワーズ学習を始めるのは、**フォニックスで「アルファベット26文字の音を覚えた後」です。「フォニックス学習が全て終わってから」ではありませんのでお間違えのないように**。
　前述の通り、フォニックスはアルファベット26文字で終わりではないのです。それ以外にもたくさんの「例外」を覚えていかなければなりません。
　英語圏の学校では、フォニックス学習はキンダーガーテン（＝就学前の1年間）から小学2年生まで、3年間かけて教える

のが一般的です。専門用語ばかりで恐縮ですが、「ワードファミリー」「ブレンズ」「ダイグラフ」「二重母音」「R母音」「サイレントE」などと呼ばれる「例外」パターンの読み方を学んでいく必要があるのです。

サイトワーズはフォニックスが全て終わってからスタートするのでなく、**フォニックスと同時進行で学習**していくのです。

日本語でも同じですね。最初に「かな五十音」を覚えたら漢字学習がスタートします。しかし、同時にカタカナ、濁音、半濁音、拗音、促音、長音など「かな五十音」の延長となる学習も継続していきます。

繰り返しますが、ポイントは「アルファベット26文字の音を一通り覚えた後」です。というのも、いきなりサイトワーズから学習を始めると、子どもが英語嫌いになる可能性があるからです。

フォニックスはゲーム感覚で「楽しく」学ぶことができますが、サイトワーズは単語を丸暗記する学習なので多くの子どもにとって「楽しくない」のです。

5歳以下の子どもにサイトワーズを教える時は、まずは「読む」ことからスタートしてください。フラッシュカードを作ってカルタ取りをしたり、神経衰弱をしたり、できるだけ楽しくサイトワーズを学べるように工夫することが大切です。

6歳以上の子どもにはサイトワーズの「書き取り」をさせても構いませんが、あまり正確さや美しさにこだわらない方が賢明です。今はスマートフォンで使えるサイトワーズアプリやゲームもたくさん販売されていますので、必要に応じて活用してください。

ステップ **サイトワーズ❶**

2 まずはこの頻出100単語を「読める」ようにしよう

　私の学校では、オリジナルのサイトワーズリストを使って指導しています。以下に頻出100単語をご紹介しますので、学習の参考にしてください。

■ サイトワーズ　頻出100単語

1	the	2	of	3	and	4	a
5	to	6	in	7	it	8	be
9	that	10	I	11	for	12	is
13	you	14	was	15	he	16	with
17	on	18	by	19	at	20	are
21	this	22	not	23	but	24	they
25	his	26	from	27	had	28	which
29	or	30	she	31	we	32	an
33	were	34	as	35	have	36	can
37	been	38	has	39	their	40	there
41	would	42	will	43	what	44	all
45	if	46	her	47	who	48	one
49	do/don't	50	so	51	said	52	up
53	them	54	some	55	when	56	out
57	its	58	could	59	into	60	him
61	then	62	look	63	time	64	about
65	my	66	did/didn't	67	your	68	now
69	other	70	no	71	me	72	only
73	more	74	these	75	write	76	also
77	just	78	people	79	any	80	first
81	very	82	tell	83	may	84	should

85	well	86	like	87	than	88	how
89	call	90	our	91	way	92	after
93	between	94	many	95	those	96	being
97	because	98	down	99	need	100	good

▶サイトワーズの「意味」は教えなくていい

　第3章でご説明した通り、子どもの英語学習の原則は「英語で英語を学ぶ」です。この原則はサイトワーズ学習にも当てはまります。

　サイトワーズ学習のポイントは「正しく読める」ことです。**意味を覚えることよりも、「正しく読めること」を優先**してください。

　サイトワーズには日本語にうまく訳せない単語が多く含まれます。サイトワーズの頻出上位20単語を見てみましょう。「the, of, and, a, to, in, it, be, that, I, for, is, you, was, he, with, on, by, at, are」です。

　冠詞の「the, a」、前置詞の「of, to, in, for, with, on, by, at」、Be動詞の「is, was, are」などは、日本語に訳そうと思っても該当する言葉が見当たりません。これらは「ファンクションワード／機能語」と呼ばれ、センテンスの文法的な関係を示したり、他の語とつながることで意味を表現する働きをする単語です。語彙的意味をもちませんから、日本語訳を教えてもあまり意味がありません。

　もちろん、名詞や動詞など意味が明快な単語については Picture Dictionary（絵辞典）を使って教えるのは構いませんが、子ども英語の基本である「英語で英語を学ぶ」を忘れないでくだ

第5章　海外留学せず、家庭学習のみで「CEFR B2レベル」を目指す具体的な方法　　165

さい。

　小学校高学年〜中学生以上にサイトワーズを指導する場合、子どもが意味を知りたがるかもしれません。もちろん日本語の意味を知りたがっているのであれば日本語訳を教えても構いません。

　ただすぐに答えを教えるのではなく、「どういう意味だと思う？」と質問して、子どもが「意味を推察する習慣」をつけてあげてください。

▶willの前にwouldが出てきても気にしない

　またサイトワーズは、品詞や時制など文法の難易度にかかわらず、よく使われる単語から順に学習していきます。

　日本の学校教育では、動詞は現在形から、代名詞は単数・主格からなどの文法ルールに則って教えますが、サイトワーズ学習にはそのような制限はありません。［will］よりも先に［would］が出てきたり、［say］よりも先に［said］が出てきたりします。

　よく使われる単語を、よく使われる順に覚えるという１つのルールがあるだけです。

ステップ 2 サイトワーズ❷
丸暗記を楽しくする方法

サイトワーズは丸暗記が原則であり、一般に子どもは「書き取り」で綴りを覚えていきます。「書き取り」は大多数の子どもにとって楽しい学習ではありませんから、親の励ましが重要です。

少々面倒ですが、フラッシュカードを使ってサイトワーズが読めるようにサポートしてあげましょう。

さらに「サイトワーズが読めるようになると英語の本が読める」ということを実感させてあげてください。次に紹介するサイトワーズ絵本を読ませて、自分で英語が読める喜びを体験させるのです。

【サイトワーズ絵本】

有名な **Dr. Seuss の絵本シリーズ**は、Dolch Sight Words を覚えれば、ほとんど読めるようになります。

また「Bob Books シリーズ」の「Sight Words: Kindergarten」もサイトワーズの副教材として最適です。

アメリカの家庭でよく使われるのが、Scholastic 社の「Sight Word Readers」です。

これらは日本の Amazon で購入できますので、ぜひ活用してください。

【ゲームやアプリ】

スマートフォンで「Sight Words」「Sight Words Apps」「Sight Words Games」と検索してみましょう。たくさんのアプリやゲ

ームが見つかります。これらを活用して「面白くないサイトワーズ学習を楽しくする工夫」をしてください。

ただし、ゲームやアプリ任せにするのは厳禁です。あくまでもサイトワーズの補助教材として活用してください。

サイトワーズは「漢字」ですから、やはり書き取りで覚えるのが最も効果的です。 きちんとサイトワーズが読めているかどうか、必ず確認してください。

【YouTube】

親が英語の発音に自信がないという場合は、YouTube で「Sight Words」「Dolch Sight Words」と検索すれば、たくさんのネイティブ発音入りのサイトワーズ動画が見つかります。それらの中から子どもが興味を持ちそうなもの、なるべく短いものを選んで見せてあげてください。

ネイティブ発音を聞かせていれば、親の発音でサイトワーズを教えたり、スペルを確認しても何ら問題ありません。

▶「サイトワーズを覚えれば本が読める!」を実感させる

「サイトワーズを覚えると本が読めるようになる！」その例をご紹介しましょう。Dr. Seuss の「**Green Eggs and Ham**」からの抜粋です。太字が「Dolch Sight Words」リストに含まれる単語です。この本はサイトワーズが「87％」を占めています。

I **am** Sam. Sam I **am**.
That Sam-I-**am**! **That** Sam-I-**am**! I **do not like that** Sam-I-am!
Do you like green eggs **and** ham?

168

I do not like them, Sam-I-am. I do not like green eggs and ham.

Would you like them here or there?

I would not like them here or there. I would not like them anywhere.

I do not like green eggs and ham. I do not like them Sam-I-am.

Would you like them in a house? Would you like them with a mouse?

I do not like them in a house. I do not like them with a mouse.

I do not like them here or there. I do not like them anywhere.

I do not like green eggs and ham. I do not like them Sam-I-am.

Would you eat them in a box? Would you eat them with a fox?

Not in a box. Not with a fox. Not in a house. Not with a mouse.

I would not eat them here or there. I would not eat them anywhere.

I would not eat green eggs and ham. I do not like them, Sam-I-am.

▶「センテンス読み」で成功体験を積ませる

「サイトワーズ」とステップ1でご紹介した「ワードファミリー」を組み合わせてセンテンスを読む取り組みをご紹介します。**センテンス読みは、本格的に英語の本を読むための準備ステップ**です。

まずは以下の要領で「at ワードファミリー」を教えます。

「c ／ク」and「at ／アット」make the word「cat ／クアット」
「h ／ハ」and「at ／アット」make the word「hat ／ハアット」
「s ／ス」and「at ／アット」make the word「sat ／スアット」
「m ／ム」and「at ／アット」make the word「mat ／ムアット」

次に「サイトワーズ」頻出10単語の読み方を教えます。フラッシュカードを利用して一目で読めるようになるまで練習します。

フラッシュカードは自作してもいいですし、日本の Amazon で市販されているものもあります。「サイトワーズ　フラッシュカード」で検索してみてください。

「the, of, and, a, to, in, it, be, that, I」

サイトワーズ10単語が読めるようになったら、フォニックス（ワードファミリー単語）とサイトワーズを組み合わせてセンテンスを読む練習をします。

The cat

The cat in the hat

The cat in the hat sat

The cat in the hat sat on a mat.

　全てその日に学んだ単語ですから、どの子もすぐに読めるようになります。英文が読めるようになると子どもの目が輝き始めます。英語が読めることは子どもにとって嬉しく、誇らしい「成功体験」なのです。

　同じようにワードファミリーとサイトワーズを組み合わせて短いセンテンスを読む練習を重ねていきましょう。

　私の学校で使用している「ワードファミリー＆サイトワーズの組み合わせ」で教えるセンテンスをいくつかご紹介します。以下を活用して、英語が読める「成功体験」をたくさん子どもに実感させてあげましょう！

■ ワードファミリー＆サイトワーズのセンテンス読み

et	We met the vet. We met the vet in a jet.
it	She is in a skit. She is in a skit and will not quit.
ot	The pot got hot. The pot got did not get hot.
ut	He had a nut. He had a nut in his hut.
ap	You have a cap. You have a cap and a map.
ip	I will have a sip. I will have a sip with my lip.
op	Look at the cop. Look at the cop that has a mop.
an	She has a blue van. She has a blue van that has a fan.
en	All of the ten men have a pen.
in	Your kin will win. Your kin will win the bin.

第5章　海外留学せず、家庭学習のみで「CEFR B2レベル」を目指す具体的な方法　　171

un	It is fun to run. It is fun to run in the sun.
ag	There is a tag on that bag. There is a tag on that bag with the rag.
ig	Put the pig in the rig. Put the pig in the big green rig.
og	There is a log. There is a log in the bog.
ug	The bug will sleep in a jug under the rug.
ack	We will pack the sack. We will pack the sack and be back.
ick	I will not pick Rick. I will not pick Rick if he is sick.
ock	Her smock was on the dock. Her smock was under the rock on the dock.
uck	Help the duck get the puck. Help the duck get the puck from the buck.

　フォニックスで基本単語が読めるようになり、サイトワーズで頻出単語が読めるようになると、英語の本が読めるようになる、そのメカニズムがご理解いただけたでしょうか？

　いよいよ次は「本格的なリーディング学習」のスタートです。

＼ Review ／

✔ アルファベット 26 文字の音を覚えたらサイトワーズ学習を始める
✔ サイトワーズは少なくとも 300 語覚える
✔ サイトワーズの意味を覚える必要はなし！
✔ フォニックスとサイトワーズを覚えればセンテンスが読める！

ステップ3 リーディングフルエンシー
"超簡単な本"の多読ができれば、英語教育はほぼ成功!

「ステップ0：フォネミック・アウェアネス」→「ステップ1：フォニックス」→「ステップ2：サイトワーズ」と、リーディング力を身につけるステップをご紹介してきました。

　ここからが、子どもの英語教育最大の難所である「リーディングフルエンシー」です。

「リーディングフルエンシー」とは**「早いスピードで、流暢に、英語の本が読める状態」**です。

　アメリカの教育現場では、リーディングフルエンシーが身についているか否かを、一般に、読書スピードによって診断します。小学1年生で1分間に60〜100単語、2年生で100〜150単語を「正確に音読できる」ことが目安です。

　日本で英語を学ぶ子どもが目標とするのは、ネイティブの小学3〜4年生レベル、すなわち1分間に110〜130単語を**正確に音読**することです。

■ アメリカの小中学生のリーディングフルエンシーの目安

学年	1分間の平均単語数（音読）＊	1分間の平均単語数（黙読）＊＊
1年	60 単語	80 〜 125 単語
2年	100 単語	115 〜 150 単語
3年	112 単語	138 〜 180 単語
4年	133 単語	158 〜 220 単語

第5章　海外留学せず、家庭学習のみで「CEFR B2レベル」を目指す具体的な方法　　173

5年	146 単語	173 〜 250 単語
6年	146 単語	185 〜 270 単語
7年	150 単語	195 〜 300 単語
8年	151 単語	204 〜 320 単語

出典：*Update of Oral Reading Fluency (ORF) Norms（Jan Hasbrouch, Gerald Tindal, 2017） **Staples Speed Reading Test

リーディングフルエンシーは「簡単で短い本の多読」によって身につけます。それこそ１ページに２〜８単語、全体で８〜16ページ程度の"超簡単な本"からスタートします。

　１冊を読むのに１〜２分しかかかりませんから、どの子も必ず読み終えることができます。超簡単な本の多読で「達成感」と「成功体験」を積ませるのです。

▶「理解」よりも「流暢に読める」が先

　リーディングフルエンシーを身につける原則は「理解より流暢に読めることが先」です。英語の本を読み始めて間もない子どもに「流暢に読むこと」と「理解すること」を同時に要求すると、必ず読書スピードが遅くなり、流暢さが失われます。

　ネイティブ英語を真似て「カッコ良く読むこと」がリーディングフルエンシーの最初のステップです。意味はひとまず横に置いておき、ネイティブっぽく読む遊びを親子で試してみましょう。

　以下は Scholastic 社の「Little Leveled Readers」からの抜粋です。"超簡単な本"ですが、棒読みではダメです。ポイントは「自分が大好き！」というナルシスト感をたっぷり込めて読むことです。

I like me.

I like my smile.

I like my eyes.

I like my shape.

I like my size.

I like my hair.

I like my nose.

I like me, from head to toes!

親子で順番にセンテンスを読んでみましょう。親がジェスチャーを交えながらネイティブ発音っぽく読めば、子どもも負けじとジェスチャー入りのネイティブ発音で読んでくれます。うまく子どもを乗せて、ネイティブ気分になるように導きましょう。

"超簡単な本"でお勧めは「No, David!」（David Shannon 著）です。YouTube で「No David Read Aloud」と検索してみましょう。子どもが思わず「No David!」と真似したくなること請け合いです。

また「You Are (Not) Small」「I Am (Not) Scared」「That's (Not) Mine」（Anna Kang 著）も簡単な単語の繰り返しですが、楽しく読むことができます。

第5章 海外留学せず、家庭学習のみで「CEFR B2レベル」を目指す具体的な方法 **175**

ステップ 3 リーディングフルエンシー❶
子どもが読む本の種類と難易度を知る

　子どもが自力でスラスラと本を読めるようになるには、適切な順序で、適切な本を与えていくことが大切です。以下、年齢＆レベル別に与える本の種類をご紹介します。

　この項ではまずは本の分類を知っていただき、具体的な書籍タイトルは183ページ以降をご覧ください。

ステージ0

ピクチャーブックス（絵本）
● 親が読み聞かせるための本　　● 対象年齢：0〜6歳

　Picture Books（ピクチャーブックス）は、『The Very Hungry Caterpillar ／はらぺこあおむし』に代表されるカラフルな絵本です。

　絵本は子どもが自分で読むためではなく、「親が読み聞かせること」を目的に作られています。そのため、子どもが自分で読むには難易度が高い内容のものが多くあります。

　子どもが自力で読むことは難しいですが、絵本には優れた英語表現が豊富に含まれているので、フォネミック・アウェアネス作りの助けとして「かけ流し」に活用してください。

　繰り返しかけ流しをしてから、実際の絵本に触れさせます。ネイティブ発音を聞かせていれば、親の発音で絵本を読んでも大丈夫です。

　親が絵本を読むと、子どもは「なぜだか分からないけど聞き馴染みがある」ので興味を持ちます。繰り返し絵本の音源をかけ流

していると、内容を覚えてしまい、絵本のページをめくりながら「英語を読む真似」をするようになります。

ステージ1

アーリー・リーダーズ
● 子どもが初めて自分で読む本　　● 対象年齢：3、4歳〜10歳

Early Readers（アーリー・リーダーズ）は、8〜16ページ程度の薄い（ペラペラの）本で、1ページに数単語から数行の英文とイラストがプリントされたものです。

リーダーズは「子どもが自分で読むことを目的とした本」です。すなわちサイトワーズやワードファミリー単語を多用して文章が作られており、子どもが最低限の英語知識で読み進められるように工夫されているのです。

まずは1ページに2〜3単語程度の"超簡単な本"から読ませてみましょう。真剣に読むというよりは「英語っぽい発音を真似て読む遊び」と捉えてください。親子でネイティブになりきって読んでみましょう。

アーリー・リーダーズがカッコ良く読めると、子どもは「自分で英語の本が読めた！」という成功体験を得ることができます。

ステージ2

リーダーズ
● 16〜32ページの薄い本　　● 対象年齢：4、5歳〜小学生

Readers（リーダーズ）は、16〜32ページ程度の薄い本で、1ページに数行の英文とイラストが書かれたものです。**ストーリー性があり、1冊で1話が完結**します。

フォニックスとサイトワーズを一通り学べば、子どもは自力で読み進めることができます。

第5章　海外留学せず、家庭学習のみで「CEFR B2レベル」を目指す具体的な方法　　177

リーダーズには多くのシリーズ、ジャンル、キャラクターがありますから、子どもの興味や好き嫌いに合わせて本を選ぶことができます。

リーダーズでお気に入りのキャラクターを見つけて「多読」へと導くことができれば、リーディングフルエンシー学習はほぼ成功です！

ステージ3

チャプターブック
● 章立てされた文字ばかりの厚い本　　● 対象年齢：小学生〜大人

Chapter Book（チャプターブック）は、100ページ程度の本で、章（チャプター）に分かれているものです。イラストは少なく、ページのほとんどが文字で占められています。

チャプターブックは細かくレベル分けがされており、子どもの読解力レベルに合わせて本を選ぶことができます。

チャプターブックが読めるようになれば、子どもの英語教育は90％成功です。そこから先は、チャプターブックの多読を継続していけば、目標である『ハリー・ポッター』に4〜5年でたどり着くことができます。

ステップ3 リーディングフルエンシー❷ 音読が原則

　リーディングフルエンシーは「音読」が原則です。**子どもの理解力は「耳」から先に発達します。**

　幼い子どもは、兄弟姉妹が話しかけてくる言葉や、両親が読み聞かせてくれる絵本のストーリーを聞くことで理解力を身につけていきます。ですから、子どもが自分で本を読む時も「音読」すると理解が深まるのです。

▶感情を込めて読むと、表現力・読解力が高まる

　ある程度音読に慣れてきたら「感情を込めて読む」練習を取り入れます。一本調子で読むのでなく、抑揚をつけて、感情を込めるほど理解力はアップします。

　音読しながら感情に意識を向ける余裕が生まれると、より実際の「話し言葉」に近い表現力が身につきます。そして自分の音読を自分の耳で聞くことで、どれだけ内容を理解しているのか、自分で気づくことができるようになります。

　言葉に感情を乗せると読解力が高まることについては、エビデンスがあります。全米の高校生の大学進学試験（SAT）を行うカレッジボードが2001年から2005年にかけて実施した調査では、**演劇経験がある生徒は、未経験者に比べて、国語（読解力）のスコアが平均で65ポイント高い（800ポイント中）**ことが分かっています。

第5章　海外留学せず、家庭学習のみで「CEFR B2レベル」を目指す具体的な方法　　179

▶オーディオブックを併用すると流暢さが向上する

　感情を込めて読むと言っても難しく考える必要はありません。子どもにオーディオブックを聞かせたり、YouTube の音読動画を見せたりすればよいのです。オーディオブックはプロの声優が読んでいますから感情表現が大げさで豊かです。

　読みの練習をする場合、動画の文字を見せると効果的です。オーディオブックを聞かせてから同じ本を音読するだけで、読みの流暢さを向上させることができます。

▶子どもが音読する時は、必ずそばで聞いてあげる

　最初から、放っておいて1人で音読をしてくれる子はなかなかいません。「○○君が読むの聞きたいな」などと言って、音読するように誘いましょう。音読する時間はせいぜい5分ですから、どれだけ忙しい親でもできないはずはありません。

　親が聞いてあげるだけで子どもの「やる気」は倍増します。1人で音読しても楽しくありません。親に聞いてもらえるから子どもは音読する気になるのです。

　そして子どもが読み終えたら「すごい！　英語が読めるなんて天才！」「上手に読めてすごい！」と**大げさに褒めてあげてください**。子どもをギューとハグしてあげるとさらに達成感が高まり、学習意欲が向上します。

ステップ リーディングフルエンシー❸
3 どれだけ読めばフルエンシーが身につくのか?

　Renaissance Learning 社が行った2011年の調査によると、アメリカの子どもは小学１～３年生までの３年間で平均141冊の本（28万単語）を読むそうです。

　28万単語を141冊で割ると約2000語ですから、アメリカの小学生は、「単語数が2000語程度のリーダーズをたくさん読んでいる」ことが分かります。

　これは、日本人の英語学習者にとっても大きなヒントです。**リーダーズ（ステージ２）をたくさん読む経験をするのがポイント**ということです。いきなり100ページもあるチャプターブック（ステージ３）を読ませても子どもを英語嫌いにするだけです。

　多読する本は、子どもの英語レベルや興味に合ったものでなければいけません。難しすぎる本、長すぎる本を与えると「英語の本＝つまらないもの」とインプットされてしまいます。

　英語の本がスラスラと流暢に読めるようになる＝リーディングフルエンシーを身につけるには、**文字数が300～3000語程度のリーダーズを100冊、音読で読破**することを目標にしてください。音読スピードが１分間に60語（アメリカの小学１年生の平均）の子どもであれば、300語の本を５分で読み切ることができます。

　アメリカで人気のリーダーズである「I Can Read!」は５段階にレベル分けされています。最初のレベルである「My First」は

第５章　海外留学せず、家庭学習のみで「CEFR B2レベル」を目指す具体的な方法　181

1冊の単語数が300語程度です。まずはこのレベルの本を「5分程度」で音読することが目標です。

まだ英語の本に慣れていない子どもは10分以上かかるかもしれません。そのような場合は、1つ下のステップである「アーリー・リーダーズ」に戻って読む練習をしましょう。

最初は5分程度で読み終えるレベルの本からスタートし、徐々に読書スピードを上げていくことが大切です。くれぐれも子どものレベルに合わない本（単語数が多い本）を与えないように注意しましょう。

5分程度で読める本を多読することによって英語の活字に対する抵抗感がなくなり、「読みの流暢さ」が向上していきます。

ステップ3 リーディングフルエンシー❹ 多読におすすめの本リスト

ここからは、多読におすすめの本をご紹介していきます。

ステージ1

アーリー・リーダーズ

8 〜 16ページ程度の短い本で、単語数は1冊あたり10 〜 200語程度です。1冊を音読する時間は5分以内。文字に慣れている子どもであれば1分以内で読めます。

日本で人気の **Oxford Reading Tree（ORT）** のステージ1(First Sentences) に含まれる本は、1冊の単語数が24 〜 65単語です。このレベルであれば、どの子もすぐに読めるようになるはずです。まずはこのステップで「英語の本が読める！」という自信を大きくしてあげましょう。

日本の児童英語研究所から出版されている 「アイキャンリード！」 は1冊の単語数が24 〜 50語程度のアーリー・リーダーズのオンライン教材です。オーディオはもちろん、レッスンもセットになっているのでお勧めです。

またアメリカの Scholastic 社から出版されている 「First Little Readers」 も優れたアーリー・リーダーズです。音声は YouTube で見つかるかもしれません！

第5章　海外留学せず、家庭学習のみで「CEFR B2レベル」を目指す具体的な方法　　183

▶音源があるものを選ぶ

アーリー・リーダーズを選ぶポイントは「音源（オーディオ）」です。アーリー・リーダーズの目的は「子どもが自分で読めること」であり、同じようなフレーズや単語のリピートが多く覚えやすいです。

本の音源を何回か聞かせて内容をうっすら覚えたところで本を読ませてみると「あらびっくり！」ネイティブ発音で流暢に本が読めるようになります。

実際には、子どもは本の文字を読んでいるわけではなく、聞き覚えている英語を適当に言っていることが多いのですが、それでもリーディングはリーディングです。

両親が「すごい！　英語の本が読めるね！」と大げさに褒めてあげることで、子どもは「自信」を高めることができ、それがモチベーションにつながっていきます。特に小学生以下の子どもには「自分は英語が得意なんだ！」という自信を大きくしてあげることが大切です。

「アーリー・リーダーズ」の目標は、**音読で100冊読破**です。

ORTでしたらステージ１〜ステージ３まで読めば目標達成です。ORTは音源も購入できますから、英語が苦手な親でも教えることができます。

また前述した児童英語研究所の「アイキャンリード！」は96冊分の音源とオンラインレッスンでお勧めです。

■ アーリー・リーダーズのおすすめ本（ ）内はレベル

Oxford Reading Tree（Stage 1〜3）／音源購入可
お馴染み ORT の初心者向け絵本。ステージ1全 24 冊のうち最初の 12 冊は絵のみ。ステージ2〜3でフォニックスとサイトワーズが登場する。

アイキャンリード!［児童英語研究所］／ 96 冊のオンラインレッスン
基礎概念や日常会話表現が中心の短いストーリー絵本。ライミング（音韻）を多用しておりリズミカルで読みやすい。フォニックスを学び始めた子ども向け。

First Little Readers（Level A 〜 D）［Scholastic］／各レベル 25 冊セット／音源購入可
季節、友だち、学校など、子どもに身近なテーマのストーリー絵本。同じ表現が多く読みやすい。フォニックスを学び始めた子ども向け。

Bob Books（Set 1〜5）［Scholastic］／合計 42 冊／音源なし
シンプルなイラストと短いライミング単語の組み合わせで書かれた本。フォニックスを習い始めた子ども向け。

Sight Word Readers［Scholastic］／ 25 冊セット／音源購入可
頻出上位 50 単語のサイトワーズで読める絵本シリーズ。サイトワーズを学び始めた子ども向け。

Step Into Reading（Step 1〜2）／音源なし
ディズニーやトーマスなど、日本の子どもに人気のキャラクターが登場する絵本シリーズ。フォニックスとサイトワーズを学び始めた子ども向け。

I Can Read!（My First）／音源なし
レベル1の前のステップが「My First」です。ねこのピート、ビスケット、リトル・クリッター、ピンカリシャス、ファンシー・ナンシーなど、アメリカの子どもたちに人気のキャラクターが登場する絵本。フォニックスとサイトワーズを学び始めた子ども向け。

Ready-to-Read（Ready-to-Go）／音源なし
単語数 100 語までの絵本シリーズ。スヌーピー、オリビア、ミッフィーなどのキャラクターが登場します。フォニックスやサイトワーズを学習すれば読めます。フォニックスとサイトワーズを学び始めた子ども向け。

Ready-to-Read（Pre-Level 1）／音源なし
上の「Ready-to-Go」の次のレベルです。オットーやダニエルタイガーなどの人気キャラクターが登場します。フォニックスとサイトワーズを学び始めた子ども向け。

＊音源なしでも YouTube で検索すると朗読を見つけることができるもの
が多くあります。多読で大切なのは子どものお気に入りの本を見つけ
ることです。子どもの興味や関心を考慮した上で、自己責任で購入し
てください。

ステージ2

リーダーズ

　アーリー・リーダーズを100冊読破、あるいは１冊200語程度
の本が５分以内に音読できるようになったら「Readers ／リーダ
ーズ」に進むことができます。リーダーズは16 ～ 32ページ程度
の本で、単語数は１冊あたり300 ～ 3000語と幅があります。

　最初は300語前後のリーダーズから読むことをお勧めします。
ORT の「ステージ５」は１冊の単語数が290 ～ 370語程度です
ので１つの目安としてください。

　リーダーズには様々なジャンル、キャラクター、レベルがあり
選択に悩むところですが、**選び方のポイントは、子どもの興味
や好みに合った本やシリーズを見つけてあげることです。**

　子どもが自分から読みたくなるようなキャラクターやストーリ
ーに出会えれば、親があれこれと手を尽くさなくとも、子どもが
自分からリーダーズを読んでくれるようになります。

　たとえばアメリカの子どもに人気の「I Can Read!」には
「Amelia Bedelia ／アメリア・ベデリア」というキャラクターの
シリーズがあります。アメリアは働き者の家政婦さんですが、英
語力の不足からいつも勘違いや失敗をしてしまいます。本物のス
ポンジで「スポンジケーキ」を作ってしまったり、庭の雑草を抜
く代わりに雑草を植えてしまったりという調子です。

186

また犬が主人公として登場する「Charlie ／ チャーリー」、紙のように薄っぺらいスタンレー少年が様々な冒険をする「Flat Stanley ／ フラット・スタンレー」など、大人でも読みたくなるようなストーリーがリーダーズにはたくさんあります。

最近は日本の図書館でも人気リーダーズを置いていますから、子どもと一緒に図書館に行き本を選んでみると良いでしょう。多くのリーダーズはレベル分けされていますので「レベル1」からスタートしてください。

本のレベルがよく分からないという場合は、子どもに最初の数ページを読ませてみましょう。**1ページに読めない単語が3～4個以上ある場合は難しすぎる本**です。リーダーズは「5～10分で1冊読める」長さ＆レベルから読み始めてください。

▶上手に読めない時の音源活用法

リーディングフルエンシーを身につけるには「リーダーズを100冊読むこと」、あるいは「1分間で100単語が読めること」が分かりやすい指標です。

ORTの「ステージ8」に含まれる本は1冊の単語数が900～1000語です。このレベルの本を10分以内で読めることが1つの目安となります。

リーダーズで多読をする場合も「音読」が原則です。この段階ではまだフルエンシーが身についていません。多くの子どもが飛ばし読みやムニャムニャ読み（知らない単語を適当に読む行為）をします。また読むスピードも遅く、スラスラと流暢に読めるレベルではありません。

リーダーズを読み始めたけど上手に読めない、読書スピードが

第5章　海外留学せず、家庭学習のみで「CEFR B2レベル」を目指す具体的な方法　187

向上しない、という場合は、オーディオブックや YouTube で本の朗読を探してください。音源に合わせて本の文字を目で追う練習をしてから音読してみましょう。随分と流暢さが伴うはずです。

リーダーズも、**くれぐれも長すぎるものを与えないように**注意してください。最初は 5 分以内で読める本でなければ、子どもは飽きてしまいます。

▶読解力レベルはLexile指数で判断できる

また本の「読解力レベル」にも着目する必要があります。「読解力レベル」は **Lexile 指数**で判断できます。Lexile 指数というのは本の「読解力」と「文章の難易度」を表す指標で、通常100 ～ 2000L の間で表記されます。ちなみに『ハリー・ポッター』の Lexile 指数は900 ～ 1000L です。

Amazon の英語サイトで本の詳細部分を見ると、Lexile 指数が記載されています（Lexile 明記のない本も多くあります）。それを参考に子どもの読解力レベルに合った本を選ぶことができます。

リーディングフルエンシーを身につけるには、**Lexile 指数が500L 以下のリーダーズが最適**です。

ちなみに Lexile 指数500L というのは、英語圏の小学 1 ～ 2 年生レベルの読解力で読み解けるレベルです。このレベルの本であれば、フォニックスとサイトワーズを覚えた子どもでしたら自力で読み進めることができます。

■ リーダーズのおすすめ本

1　定番のリーダーズシリーズ

　大手出版社がレベル分け＆シリーズ化しているリーダーズです。まずは Amazon で「シリーズ名」と「レベル」を入力してどんな本があるのかチェックしましょう。

「I Can Read! level 1」で検索すると、「Amelia Bedelia」「Pinkalicious」「Pete the Cat」「Danny and the Dinosaur」などたくさんのシリーズを見つけることができます。それらの中から子どもが好きそうなものを購入したり、図書館で借りたりしましょう。

Oxford Reading Tree Stage 5 〜 9
I Can Read! Level 1 〜 4
Ready-to-Read Level 1 〜 3
Step Into Reading Level 1 〜 4
DK Readers Level 1 〜 4
Scholastic Readers Level 1 〜 4
Penguin Young Readers Level 2 〜 4

2　アメリカで人気のキャラクターシリーズ

　定番「リーダーズ」には属さず、単独で販売されているシリーズ本です。これらは英語レベルにばらつきがあるので「読解力レベル」に配慮して選びましょう。カッコ内は著者名、右の数字はLexile 指数です。

Dr. Seuss シリーズ (Dr. Seuss) 90-520L
Little Critter シリーズ (Mercer Mayer) 100-490L
Arthur シリーズ (Marc Brown) 260-580L
I Stink! (Kate & Jim McMullan) 230-490L

Frog and Friends シリーズ（Eve Bunting）330-500L
Curious George シリーズ（H. A. Rey）310-590L
The Berenstain Bears シリーズ（Stan & Jan Berenstain）310-540L
Fancy Nancy シリーズ（Jane O'Connor）290-570L
If you Give a Mouse シリーズ（Laura Numeroff）410-590L

▶リーダーズ多読時の注意点

　すでに何度も強調していますが、**子どもを本嫌いにする最大の原因が「難しすぎる本」「長すぎる本」を読ませること**です。子どもが少し読めるようになると、多くの親がたちまち本の難易度を上げてしまいます。

　リーディングフルエンシーを鍛えるには「簡単で短い本の多読」が最も効果的です。「できた！」「読めた！」「面白い！」という達成感、成功体験、感動を積み重ねることで本好きに育ちます。

　「英語は簡単だ！」と子どもが思えれば、英語教育は成功なのです。しつこくて申し訳ありませんが、くれぐれも「難しすぎる本」「長すぎる本」を与えないように注意してください。

　これも前述しましたが、**子どもを本嫌いにするもう1つの原因が「理解しているか確認する」こと**です。本を読み終えた子どもに、「どんなお話だったのか教えて」「この単語分かる？」と日本語で説明させようとする行為です。

　そもそも子どもは英語の本を「日本語に訳そう」と思って読んでいませんから、日本語で説明してくれと言われても困ってしまうのです。

また、**子どもが音読している時は、必ず親がそばで聞いてあ**
げてください。

多読を始めたら**「リーディングログ／読書記録」**をつけてあ
げましょう。いつ、どの本を、どれだけ読んだのか、できれば文
字数や難易度までを記録していくのです。

読んだ本が増えるにつれ、子どもの自信が高まり、達成感が大
きくなっていくのが分かるはずです。

リーダーズ100冊を通してリーディングフルエンシーが身につ
けば、英語教育はほぼ成功です。そこから先は子どもが好きな作
家やシリーズの読書を通して、英語力を限りなく向上させていく
ことができます。

ステージ3

チャプターブック

「アーリー・リーダーズ100冊」→「リーダーズ100冊」を達成
した次のステップが「チャプターブック」です。リーダーズまで
は各ページにイラストが描かれた絵本の延長のような本でした
が、「チャプターブック」はイラストがほとんどない「文字だら
けの本」です。

また「リーダーズ」は音読が原則でしたが、**チャプターブッ**
クからは「黙読」です。子どもが自立した読書人として独り立
ちするのがチャプターブックなのです。

チャプターブックを読む前提は「リーディングフルエンシー」
が身についていること。具体的には1分間に110〜130単語が
「音読」できることです。このレベルのスピードで本が読めるよ

うになれば、音読よりも黙読の方がはるかに効率的に本を読み進めることができるようになります。

　チャプターブックはページ数が多いですから、1日に1チャプター程度を目標に読み進めていくと良いでしょう。リーダーズと同じように、お気に入りのシリーズや作家を見つけることがモチベーションを維持していく大切なポイントです。

　最初に与えるチャプターブックは、Lexile 指数300〜500L レベルが良いでしょう。既にリーダーズで Lexile 指数500L 前後を読んでいる子どもにとって難易度は高くありませんが、それまでのイラストが描かれた本から「文字だらけの本」への移行ですから、なるべく読みやすいものを与えることが大切です。

「Magic Tree House」や「Goosebumps」や「The Boxcar Children」「Roald Dahl」などのシリーズは、アメリカの小学生であれば誰もが一度は読むチャプターブックです。

　最近は日本の図書館でも人気チャプターブックが手に入るようです。近所の図書館に親子で行き定番チャプターブックを探してみましょう。子どもに数ページを読ませてみて、子どもが気に入ったら大成功です。

　実は子どもにとっても「文字だらけの本」への移行は誇るべき成功体験なのです。それまでの子ども用の本から「分厚い文字だらけの本」を読み始めるのですから、自分が成長したような、嬉しい体験なのです。

　子どもが自分で選んだ本であれば、なおさら一生懸命読んでくれますから、ぜひ図書館通いを実行してください。

　チャプターブックが自力で読めるようになれば、『ハリー・ポッター』のゴールが見えてきます！

■ チャプターブックのおすすめ本・シリーズ

タイトル	著者	内容	年齢	Lexile 指数
Magic Tree House シリーズ	Mary Pope Osborne	英語圏の子どもに大人気の冒険ファンタジー	6-9	240-440L
Dog Man シリーズ	Dav Pilkey	犬と人間が合体したスーパーヒーローが活躍するマンガ本	7-12	260-530L
Junie B. Jones シリーズ	Barbara Park	やさしくて活発な女の子ジュニーが家族や友だちと繰り広げる物語	6-9	330-490L
Goosebumps シリーズ	R. L. Stine	子どもたちに大人気のホラー物語	7-12	300-630L
The Hardy Boys シリーズ	Franklin W. Dixon	フランクとジョーが難事件を解決するミステリー	6-12	330-650L
The Boxcar Children シリーズ	Gertrude Chandler Warner	4人の孤児たちが登場するミステリー	7-10	370-580L
Encyclopedia Brown シリーズ	Donald J. Sobol	頭脳明晰なブラウン少年が難事件を解決するミステリー	8-12	450-660L
Flat Stanley (Original) シリーズ	Jeff Brown	事故でぺちゃんこになった少年の冒険物語	6-10	420-750L

ステップ**3** リーディングフルエンシー❹

第5章　海外留学せず、家庭学習のみで「CEFR B2レベル」を目指す具体的な方法　193

The Never Girls シリーズ	Kiki Thorpe	4人の女の子がネバーランドで繰り広げる冒険ファンタジー	6-9	480-600L
Bad Kitty シリーズ	Nick Bruel	乱暴な猫のキティーが繰り広げるコメディー	7-10	480-610L
Stink シリーズ	Megan McDonald	背が伸びない主人公のスティンクが繰り広げるコメディー	6-9	500-610L
Ivy + Bean シリーズ	Annie Barrows	性格が正反対の2人の女の子の物語	7-12	510-570L
Dragon Masters シリーズ	Tracey West	少年が龍を手なずける SF ストーリー	6-8	560-580L
My Weird School シリーズ	Dan Gutman	算数が苦手などユーモラスな先生たちが登場するコメディー	6-10	580-700L
Amber Brown シリーズ	Paula Danziger	アンバーと親友ジャスティンの日常の物語	7-11	600-720L
Captain Awesome シリーズ	Stan Kirby	ユージン少年がスーパーヒーローとなり悪人退治をする物語	5-9	640-720L
Captain Underpants シリーズ	Dav Pilkey	コメディ。「スーパーヒーロー・パンツマン」として日本語版もあります!	7-12	640-890L
Rainbow Magic シリーズ	Daisy Meadows	妖精たちが主人公のファンタジー	6-10	680-800L

Roald Dahl Collection	Roald Dahl	『魔法のゆび』『マチルダは小さな大天才』など日本語版も出てます!	8-12	720-840L
My Big Fat Zombie Goldfish シリーズ	Mo O'Hara	催眠術を使うゾンビ金魚と少年の物語	7-10	740-790L
Ramona Quimby シリーズ	Beverly Cleary	自立心旺盛な女の子ラモーナと家族の物語	8-12	750-860L
Harry Potter シリーズ	J. K. Rowling	お馴染み『ハリー・ポッター』シリーズ	9-12	880-1030L
Diary of a Wimpy Kid シリーズ	Jeff Kinney	中学生のグレッグ少年の日常生活を日記形式で綴った物語	8-14	910-1060L

▶チャプターブックはどれだけ読めば良いのか?

　英語教育のゴールである「CEFR B2レベル」達成のために必要なボキャブラリーは7500語〜10000語、読解力の目安であるLexile指数は1000Lと言われています。

　日本人の英語教育のゴールである『ハリー・ポッター』のLexile指数は900〜1000Lですから大体一致しています。このレベルの本がスラスラと読めるようになるまでには、チャプターブックを読み始めてから2〜3年かかります。

　Amazon.com（英語サイト）に行き、本の詳細（Product details）部分を見ると、Lexile指数が記載されています（Lexile

第5章　海外留学せず、家庭学習のみで「CEFR B2レベル」を目指す具体的な方法　　195

記載のない本もあります）。親の仕事は、子どもの興味や関心、そして子どもの読書レベルに合った本を見つけ、与え続けることです。

親が率先して「こんな本があるけど読んでみる？」と背中を押してあげましょう。

▶類語・同義語辞典の使い方を教えよう

チャプターブックを読み始めたら、類語・同義語辞典（Synonym / Thesaurus）の使い方を教えてあげてください。

英語圏の子どもたちは、知らない単語に出会った時に「類語」で意味の近い単語を調べて理解します。今はオンラインで類語辞書がありますから活用してください（「Thesaurus」と検索）。発音もチェックできるのでお勧めです！

日本では英英辞書を使う人が多くいますが、単語の定義が英語で載っている英英辞書は、説明が分かりにくいので子ども向きではありません。

たとえば「vast」という単語を英英辞書で調べると「of very great extent or quantity」です。これを子どもが読んでもさっぱり意味が分かりません。しかし「vast」を類語辞書で調べると「huge, broad, wide」など馴染みがある単語を見つけることができます。すると子どもは「大きいという意味だな」と理解できるようになります。

「アーリー・リーダーズ100冊」→「リーダーズ100冊」→「チャプターブック２年」で『ハリー・ポッター』達成！です。「うわー！　遠い道のりだ！」と感じるかもしれませんが、やってみると「あっ」と言う間です。子どもの成長は驚くほど早いので

す。

　ぜひ実践していただき、「世界で活躍する子」に育てましょう！

ステップ**3**　リーディングフルエンシー❹

\ Review /

- ✔ リーディングフルエンシーは多読で身につける
- ✔ 理解よりもスラスラ音読できるようにすることが先
- ✔ オーディオブックを活用する
- ✔ 多読のスタートは「リーダーズ100冊読破」
- ✔ チャプターブックが読めれば英語教育は成功！

第5章　海外留学せず、家庭学習のみで「CEFR B2レベル」を目指す具体的な方法　　197

第 **6** 章

年齢別「やる気」を
維持する環境作り

0〜3歳
英語の音・文字環境を作る

　本章では、子どもの英語教育を成功させるために欠かせない「やる気」を維持する環境作りについて述べていきます。子どもが英語力を身につけるまでの期間は8〜10年と長い道のりです。その間に「学習意欲」が減退するタイミングが何度かあります。

　英語学習の停滞期を乗り越えるために、家庭でどんな環境を作るか、いかに子どもの「やる気」を維持できるか、それが英語教育の成否を決定します。

▶乳幼児期に最も大切なのは「豊かな英語環境」

　乳幼児期は「無意識に」身の回りにある情報を吸収することができます。やる気がある・ないにかかわらず、日本語でも、英語でも、環境にある言葉を身につけることができるのです。

　乳幼児の英語教育で最も大切なのが「豊かな英語環境」を作ることです。親がこれを実行すれば、英語教室に通わなくても、また、子どもが努力しなくても、ごく自然に英語を吸収していくことができます。

　ただし、環境から言葉を学ぶことができるのは小学校に上がる前の子どもだけが持つ特権です。小学校に上がり、教科書を使った勉強が始まると、この優れた能力は次第に弱くなり、消えてなくなってしまいます。小学生以上の子どもは学習意欲を持って、主体的に（努力して）英語を学習していかなければなりません。

乳幼児期が持つ優れた言語吸収能力を引き出すコツは、子どもに「英語は特別なものであると意識させないこと」です。教育的に教えようとするのではなく、英語の音や文字がごく当たり前に身の回りに存在する環境を作るのです。

具体的には英語の歌や子ども向けの物語などをかけ流し、豊かな「英語の音環境」を作ります。さらに英語の本、英語のおもちゃ、アルファベットチャートなどを子どもの身の回りに置いて「英語の文字環境」を作ればよいのです。

英語が当たり前に存在すると、子どもの頭脳は「英語は生きるために必要だ」と認識します。すると環境適応能力が働き出し、英語が効果的に吸収されていくのです。

▶豊かな「英語の音環境」を作る方法

乳幼児期の英語の音環境については第5章の「フォネミック・アウェアネス」（123ページ〜）で詳しく述べましたので参照してください。

▶豊かな「英語の文字環境」を作る方法

身の回りに「英語の文字」が当たり前にある環境を作りましょう。日本で生活していると、子どもが目にする文字は日本語がほとんどです。本、おもちゃ、お菓子のパッケージ、ポスターなどは日本語で書かれていますね。

乳幼児期の子どもは身の回りにある情報を無条件に吸収することができますから、身の回りに「英語の文字」が豊富にあれば、それらを目にしているだけで「文字の定着が良くなる」のです。

【チャートを貼る】

子どもの目に入る高さに**「アルファベットチャート」「フォニックスチャート」「身体の名称／ Body Parts」「色や形／ Colors and Shapes」など、英語の文字が書かれたポスターを貼りましょう。**

「家が汚くなる！」なんて言わずに、子どもの英語教育目的ですからぜひ実行してください。家中の壁に英語のポスターがあれば、子どもにとって英語の文字は親しみやすいものになり、文字への抵抗感がなくなります。

Amazonで「アルファベットチャート」「アルファベットポスター」「ウォールチャート」と検索すれば見つかります。

【本棚に英語の本を並べる】

子ども専用の本棚を与えて、英語の本を並べておきましょう。

アルファベットが書かれた絵本、動物や魚など可愛いイラストが書かれた絵本、ピクチャーディクショナリーや図鑑などを並べておくと、子どもが自分で引っ張り出してページをめくるようになります。

【英語のおもちゃを与える】

さらに、子どものおもちゃ箱には、**アルファベットブロック、アルファベットパズル、英語の知育玩具、アルファベットマグネット、ボタンを押すと英語の音が出るフォニックス玩具**などを入れておきます。子どもはおもちゃで遊びながら英語の文字や音に親しんでいきます。

Amazonで「アルファベットおもちゃ」などと検索すれば見つかります。アメリカでは「Leap Frog」「VTech」「Fisher-Price」

「Learning Resources」「LEGO」などの玩具メーカーのおもちゃが人気です。

　子どもの名前をアルファベットマグネットで作って冷蔵庫に貼ったり、ホワイトボードにアルファベットを書いておくだけでも効果があります。子どもの優れた言語吸収能力を引き出す環境作りを実践しましょう！

3〜6歳
教育チャンネル
「PBS KIDS」を使い倒す!

「The Cat in the Hat」「Daniel Tigers」「Curious George」など、アメリカの子どもに大人気のキャラクターたちが登場する番組を提供している教育チャンネルが「PBS KIDS」です。

多くのアメリカの子どもが、PBS KIDSの番組を通して、英語の文字読み、算数、科学知識、コミュニケーションスキルなどを覚えていきます。日本の「NHK Eテレ」のようなものです。

子どもが3〜6歳の間に、PBS KIDSの番組から「お気に入りのキャラクター」を見つけることができれば、その後の「リーディング学習」がスムーズに進むようになります。

というのも、**子ども向けのリーダーズやチャプターブックには、これらのキャラクターが登場するシリーズがたくさんある**からです。お気に入りのキャラクターが登場する本であれば、子どもが自分から手にとって読むようになります。

▶PBS KIDSのウェブサイトで好きなキャラクターを見つける

PBS KIDSのウェブサイトは宝の山です。最大限に活用しましょう。「PBS KIDS ／ pbskids.org」と検索すれば見つかります。

このサイトでは、人気キャラクターの番組はもちろん、**キャラクターたちが登場するゲーム、塗り絵、クラフトなどを全て「無料」で提供しています**。ライブストリームでPBS KIDSの番組を1日中見ることもできますから「かけ流し」として活用する

こともできます。

PBS KIDS のウェブサイトを親子で探検して、お気に入りのキャラクターを見つけてあげましょう。子どもが気になるキャラクターが見つかれば、その番組の動画を見せてあげます。

PBS KIDS のウェブサイトでは、過去の全ての番組が見られるわけではありませんので、YouTube で番組名（キャラクター名）を検索してみましょう。PBS がアップロードしているたくさんの無料動画を見つけることができます。

しばらくはそれらの音声をかけ流してください。**繰り返し音声をかけ流してから動画を見せると、子どもは強く興味を持つようになります。**

■ PBS KIDSの人気番組と対象年齢

番組名	内容	対象年齢
Splash and Bubbles	魚のスプラッシュとバブルが海の中で繰り広げる話	3歳以上
Curious George	好奇心旺盛な「おさるのジョージ」が様々なトラブルを巻き起こす話	3歳以上
Dinosaur Train	恐竜や動物たちが蒸気機関車に乗って冒険をする話	3歳以上
The Cat in the Hat	帽子をかぶったハイテンションのネコが子どもたちと騒動を巻き起こす話	3歳以上
Daniel Tiger's Neighborhood	トラのダニエルが家族や友だちとの関わりの中で社会のルールやマナーを学ぶ話	3歳以上
Peg + Cat	ウクレレを持ったペグと、言葉を話せる猫が算数知識を使って問題解決をする話	3歳以上

第 6 章　年齢別「やる気」を維持する環境作り　　205

Sesame Street	説明不要ですね。アメリカの人気教育番組「セサミ・ストリート」	3歳以上
Let's Go Luna!	月をモチーフにしたキャラクター、ルナと仲間たちが世界中の国々を旅する話	4歳以上
Pinkalicious & Peterrfic	ピンクが大好きな女の子、ピンカリシャスのアート感覚と想像力あふれる生活の話	4歳以上
The Ruff Ruffman Show	犬のラフマンが語り手となり、身近な生活の知恵や科学実験の方法を教える話	4歳以上
Martha Speaks	アルファベットスープで言葉が話せるようになった犬のマーサが言葉を覚えていく話	4歳以上
Arthur	ツチブタのアーサーが家族や学校の仲間たちと繰り広げる日常生活の話	4歳以上
Clifford the Big Red Dog	巨大な赤い犬クリフォードと飼い主のエミリーや家族との心温まる話	4歳以上
Nature Cat	猫のフレッドと仲間が自然の不思議を探策する話	4歳以上

▶好きなキャラクターからリーディングへ導く

　PBS KIDS の他にも、日本の子どもたちに人気の**「きかんしゃトーマスとなかまたち」**（play.thomasandfriends.com）や**「ディズニー・チャンネル」**（disneynow.go.com）のウェブサイトの中から「お気に入りのキャラクター」を見つけてあげましょう。

　どのウェブサイトにも無料動画やゲームがたくさんありますから、大いに活用して子どもの興味を引き出してください。

　好きなキャラクターが見つかれば、「やる気」が求められるリ

ーディング学習へ向けてのモチベーションが一気に高まります。

アメリカの子どもたちは「好きなキャラクター」から読書に入っていくのが一般的です。

日本の小学校では、仮面ライダー、ミッキーマウス、アンパンマンなどのテレビ番組のキャラクターの本やマンガを読むことは御法度かもしれませんが、アメリカの学校は、子どもが本（活字）を読んでくれるのであれば、内容についてはあまりうるさいことは言いません。多くの子どもたちが、テレビや映画で見たお気に入りのキャラクターが登場する本を読むことでリーディング力を身につけていきます。

日本で英語を学ぶ場合も同様で、子どもが「好き！」「カッコ良い！」「可愛い！」と思えるキャラクターを見つけてあげて、そこを入り口に英語のリーディングへ導いていくと学習の進行がスムーズです。

4〜5歳くらいまでの子どもであれば、PBS KIDS のキャラクターやディズニーのキャラクターに食いつきます。やや年齢が上がってくると、スパイダーマン、バットマン、超人ハルク、アイアンマン、ワンダーウーマン、パワーパフガールズなど、スーパーヒーロー系のキャラクターに興味を持つようになります。

子どもの個性や好き嫌いに合わせて、たくさんのキャラクターを紹介してあげてください。

子どもが「カッコ良い！」「可愛い！」と思える**お気に入りのキャラクターが見つかったら、そのキャラクターが登場する絵本やチャプターブックを子どもの本棚やトイレにそっと置いておく**のです。すると子どもは、自分の意思で英語の本を手に取って読むようになります。

第6章　年齢別「やる気」を維持する環境作り　207

■ キャラクターが登場するリーダーズ

本のタイトル	シリーズ	内容
Arthur	Step Into Reading（Step 3）	ツチブタのアーサーの日常生活
Barbie	Step Into Reading（Step 1 ～ 3）	ファッショナブルなバービーが主人公の話
Berenstain Bears	Step Into Reading（Step 1 ～ 2）	熊が主人公のストーリー
Elmo and Grover	Step Into Reading（Step 1 ～ 2）[Sesame Street]	「セサミ・ストリート」でお馴染みエルモとグローバー
Thomas & Friends	Step Into Reading（Step 1 ～ 2）	「きかんしゃトーマスとなかまたち」
SpongeBob	Step Into Reading（Step 2）	スポンジのボブと仲間の物語
Paw Patrol	Step Into Reading	6匹のレスキュー犬の話
Biscuit	（My First）I Can Read	犬のビスケットの物語
Pete the Cat	（My First）I Can Read	猫のピートの物語
Little Critter	（My First）I Can Read	架空の動物リトルクリッターの物語
Tug the Pup & Friends!	（My First）I Can Read	子犬のタグと動物たちの物語
Amelia Bedelia	I Can Read!（Level 1）	家政婦のアメリア・ベデリアの物語
Paddington	I Can Read!（Level 1）	「くまのパディントン」

Clark the Shark	I Can Read!（Level 1）	サメのクラークと海底学校の仲間の話
Fancy Nancy	I Can Read!（Level 1）	おしゃれな女の子ナンシーの物語
Danny and the Dinosaurs	I Can Read!（Level 1）	ダニーと恐竜物語
Pinkalicious	I Can Read!（Level 1）	ピンク色が大好きな女の子の物語
Splat the Cat	I Can Read!（Level 1）	猫のスプラットと仲間たちの物語
Flat Stanley	I Can Read!（Level 2）	ぺちゃんこ少年スタンレーの物語
Daniel Tiger's Neighborhood	Ready-to-Read（Ready to Go/Pre-Level 1）	トラのダニエルの物語
Miffy's Adventures	Ready-to-Read（Ready to Go/Pre-Level 1）	うさぎのミッフィーと仲間の物語
Olivia	Ready-to-Read（Ready to Go/Level 1）	ブタのオリビアと家族の物語
Otto	Ready-to-Read（Ready to Go/Pre-Level 1）	ロボットのオットーの冒険
Batman	Ready-to-Read（Ready to Go/Level 2）	スーパーヒーロー「バットマン」
Curious George	Green Light Readers（Level 1）	「おさるのジョージ」

第 6 章　年齢別「やる気」を維持する環境作り　209

6〜10歳
英語停滞期を乗り越える!

　幼児期は楽しく英語学習に取り組んでいた子どもが、小学生になると突然、英語を嫌がるようになることが多くあります。

　小学校に通い始め、日本語の教科学習が始まると、「英語は学校で必要ないこと」「日本で英語はほとんど使わないこと」を理解するのです。

　そして英語よりも学校の勉強で良い成績を取ることが大切だと感じ、それに伴い英語学習へのモチベーションが下がっていくのです。

　小学生になってから英語学習をスタートした子どもにも同じことが起きます。最初は英語のリズムや音を楽しんでいても、やがて、やる気が停滞していきます。学校の授業とは関係ない英語学習に価値を感じられず、身が入らなくなるのです。

　また小学生で（何とか）英語学習を継続している場合も、学習の中心がリーディングやライティングになると、英語を嫌がるようになっていきます。

　子どもにとって英語の歌を歌ったり、ネイティブの先生と交流するのは楽しい活動なのですが、机に向かって英語の本を読んだり、ワークブックに取り組んだりというのは学校の勉強の延長であり、面白くないと感じるようになるのです。

　この、**小学生時代に起きる「英語の停滞期」をいかに乗り越**

えるかが、小学高学年以降の英語へ向き合う態度を決定づけます！

　小学5年生から英語は正式教科です。他の教科と同じように英語にも成績がつくようになります。その時に「英語がずば抜けてできる子」はクラスでスーパースターになれるのです。算数や理科や体育がずば抜けてできる子がクラスで尊敬を集めるように、英語ができる子も周囲から羨望の対象となるのです。

　小学5年生の時点で「英語がずば抜けてできる子」にしてあげることが、本書を読んでいただいている皆さんの目標です。そこから先は放っておいても、子どもが自主的に英語学習に励み、英語力を伸ばしていくようになります。

▶小学生の英語は「細く長く」の精神が必要

　子どものモチベーションを維持するのが一番難しいのが、小学校低学年の時期です。この時期をうまく乗り切るには「細く長く」の精神が必要です。それまでと同じペースで英語学習を継続しようとすると、学校の勉強や習い事との兼ね合いがうまくいかず、子どもがストレスを抱えるようになります。

　私の生徒の親御さんからのコメントを掲載します。

「小学4年生の娘が英検2級に合格しました！　幼稚園の時に英語をスタートしてからしてきたことは、英語の環境を作ってあげることだけでした。親が英語を教えることは一切せず、また英検に出てくる単語を覚えさせたりもしなかったので、正直合格したことにびっくりしています。

　小学生になり英語に触れる時間が少なくなった中で合格できた

のは、毎日コツコツと音読（ORTシリーズ）を継続してきたおかげかなと思っています」

　小学低学年時代は英語学習を無理強いせず、毎日少しだけでいいので「英語に触れる習慣」を作ることを心がけてください。毎日15分英語の本を読む、フォニックスワークブックを毎日２ページこなす、というような小さなルールを決めて実践しましょう。

　１ヶ月実践できたら「好きなレストランに行く」、３ヶ月達成したら「好きな遊園地に行く」、６ヶ月達成したら「好きなゲームを買う」という**「ご褒美システム」**を作るとやる気が継続しやすくなります。

▶タイピングゲームを活用する

　小学生になったらタブレットやパソコンで使えるアプリやゲームも活用してください。お勧めは英語のタイピングゲームです。これを子どもに与えるだけで、英文タイピングをあっという間に身につけることができます。

　アメリカで人気なのが「Typing Instructor for Kids」「Mickey's Typing Adventure」「Mavis Beacon Keyboarding Kidz」といったソフトです。

　日本にも**「名探偵コナン」「ポケモン」**などのキャラクターが登場する優れたタイピングソフトがあります。

　ポイントは「英文タイプ」ができることです。子どもは楽しみながら英語知識を身につけ、タイピングを習得することができます。

▶Netflixなどのアニメや映画、教育番組を活用する

　アメリカの小学生に人気のアニメ番組を提供しているチャンネルが「Cartoon Network」(cartoonnetwork.com) です。「パワーパフガールズ／The Powerpuff Girls」「ティーンタイタンズ／Teen Titans」などのアニメを1日中流しています。

　また「Nickelodeon」(nick.com) では、「スポンジボブ／SpongeBob」「パワーレンジャー/Power Rangers」などの人気番組を配信しています。

　これらのウェブサイトを訪れると、動画やゲームを無料で楽しむことができます。小学生の子どものモチベーション維持には、アメリカの小学生に人気のアニメやテレビ番組を活用するのも1つの方法です。

　個人的なお勧めは **Netflix** です。「ボスベイビー／The Boss Baby」「ミニオンズ／Minions」などアメリカの子どもに大人気のコメディーアニメ、「トイストーリー／Toy Story」「リロ＆スティッチ／Lilo & Stitch」などのディズニー映画はもちろん、たくさんの人気アニメ、映画、教育番組を見ることができます。

　クラシックから最新の作品まで、見られないものはない！　というくらい充実したプログラム内容です。

　Netflix には「カテゴリ選択機能」があり、子どもの年齢や興味に合わせて番組を選ぶことができます。「アクション」「おもしろい」「かっこいいヒーロー・ヒロイン」「プリンセス」「恐竜」「動物」「冒険」などから子どもが食いつきそうな番組を見せて、お気に入りのキャラクターや番組を見つけてあげましょう。

　また Netflix には「言語選択機能」があり、音声や字幕を自在

第6章　年齢別「やる気」を維持する環境作り　　213

に切り替えることができます。音声は英語で字幕は日本語、音声は英語で字幕も英語、といった具合です。

　Netflixを見る時は「音声は英語にする」という家庭のルールを作って、家族で楽しむことをお勧めします。子どもがいない時には、親がこっそり「日本語音声」や「日本語字幕」で世界中の映画やドラマを楽しむことができます。

　Netflixを活用すればアメリカの子どもたちに人気の番組をリアルタイムで見ることができますから、流行の若者文化やポップカルチャーを先取り体験できます。料金は月800円から（2019年5月現在）とお手頃ですので、ぜひ検討してください。

▶小学生になったら英検を受けてみる

　小学生になったら、「英語検定試験」（英検）に挑戦するのもお勧めです。小学校からはテスト結果で成績がつくようになるので、英検などのテストを当面の目標にすると「やる気」につながる場合があります。多くの子どもは「負けず嫌い」ですから、テストを受けるとなると自分からがんばるようになります。

　英検を初めて受ける時は、「受かること」が大前提です。最初に失敗するとやる気を失うことがあるので注意してください。

　英検を受ける目的は「自分は英語が得意だ！」という自信を大きくすること、そして、子ども自身ではよく分からない「英語力を客観的に認めてもらうこと」です。ですから「受かるように」準備してあげることが大切なのです。

　最初は英検4級を受けることをお勧めします。本書でご紹介してきたリーディング学習（フォニックス→サイトワーズ→リーディングフルエンシー）を実践してきた子どもであれば、特に英

検対策をしなくても楽々合格できるレベルです。

　レベルに不安がある方は、英語検定協会のウェブサイトにある過去問題に取り組ませてレベルチェックをしてください。

　英語のレベル的に問題がなさそうな子どもであっても、過去問題に取り組みましょう。小学校低学年くらいの子どもは、実力があっても「テストの受け方のミス」「答案の書き方のミス」などで不合格になることがあります。英検の試験パターンはいつも同じですから、過去問題に取り組み問題に慣れさせ、マークシートの記載場所や記載方法で失敗しないように教えてあげてください。

　無事英検に合格したら、合格証書を家の一番目立つ場所に飾っておきましょう。すると訪ねてきた人から「○○ちゃんは英語ができてすごいね！」と褒めてもらえます。子どもは他人（家族以外の大人）から褒められると、自信が大きくなり「やる気」につながります。

　「小学5年生までに英検2級合格」を当面の目標としましょう。

10〜12歳
英語の価値を実感させる

　小学校高学年以上の子どもには、外国人と英語でコミュニケーションをとる機会を作りましょう。**子どもが自分から外国人を見つけて話しかけることはないですから、親が外国人と話すチャンスを作ってあげることが大切です。**

　外国人とのコミュニケーションを経験すると「英語は役に立つ」「英語が通じると楽しい」と子どもが実感できるのです。

　今は日本でも生の英語に触れるチャンスがたくさんあります。どの学校にもネイティブの先生（ALT）がいますし、各自治体にも「異文化交流」や「国際交流」を促進する部署があります。

　また、あまり知られていませんが、海外の市町村と姉妹都市を締結している自治体も多くあります。

▶自分が住む自治体の国際交流プログラムに参加する

　自治体国際化協会（CLAIR）のウェブサイトでは、地方自治体の姉妹都市提携状況を見ることができます。お住まいの市区町村名で調べてみてください。

　子どもだけが参加する国際交流プログラムの他にも、**日本にいながら、家族ぐるみで地域に住む外国人と交流したり、地域を訪れる外国人を短期間受け入れるホームステイプログラム**を実施している自治体がたくさんあります。

　横浜市は「国際交流ラウンジ」という外国人支援、国際交流施設を設けており、子どもから大人まで、多くの外国人＆日本人が

文化イベントや国際交流に活発に参加しています。

　札幌市は、市民レベルの国際交流を推進するためにホームステイ制度を設けています。国際交流を目的に外国から訪れる人を家庭に迎え、家族ぐるみでの交流を実現するものです。基本は3泊までの短期ホームステイです。

　埼玉県では「ワンナイトステイ事業」と呼ばれる1泊2日のホームステイプログラムを実施しています。1泊するのは、世界各国で日本語を教えている外国人の教師たちです。

▶英語村へ週末留学する

　第1章でもご紹介した「くらぶち英語村」（群馬県高崎市）は小中学生を対象として英語で生活する山村留学施設です。週末に行う1泊2日の週末留学コースでは、外国人スタッフと英語でコミュニケーションを楽しみながら自然体験、農業体験などを行うことができます。

　他にも夏休みや冬休みを利用した短期留学コースでは外国人スタッフと共に「英語漬け」の生活を体験することができます。

　英語でのコミュニケーションを経験することで、子どもは「もっと英語で表現したい」と思うようになります。

　日本でも英語サマーキャンプやスポーツ合宿など、アクティビティを通して英語でコミュニケーションできる環境が整いつつありますので、ぜひ活用してください。

▶ホストファミリーになって留学生と生活を共にする

　小学高学年以上の子どものモチベーションを一気に伸ばす方法

第6章　年齢別「やる気」を維持する環境作り　217

が「ホストファミリー」です。外国人留学生を、家族の一員として受け入れるのです。おすすめは**「AFS日本協会」の留学プログラム**です。

AFSは国際的なボランティア団体で、営利を目的としない民間組織です。AFS留学生は世界の50ヶ国から来日します。留学生は高校生で、国籍にかかわらず英語を話せます。受け入れ期間は1週間から1年まで。ホストファミリーはボランティアですから、協会からの金銭支援はありません。

長期の受け入れの場合、留学生は地域の高校に通います。年齢の近い高校生のお兄さん、お姉さんと生活を共にする経験は、子どもにとってはもちろん、家族全員にとっても国際感覚を養う絶好のチャンスです。

AFSのウェブサイト（afs.or.jp）では、ホストファミリーの条件、アドバイス、体験談など、たくさんのサポート情報が掲載されています。それらを参考に、外国人留学生を受け入れる不安や疑問を1つひとつ解消していき、ホストファミリーになることを前向きに考えてみましょう。

家が狭いから、マンション暮らしだから、誰も英語が話せないからと、ホストファミリーを諦める必要はありません。日本に来る留学生は、飾らない日常の日本の生活、習慣、文化に興味があるのです。

子どもが1人増えたと思って、我が子と同じように接すれば良いのです。子どもの学校に体験入学したり、地域のお祭りやイベントに参加したり、一緒にスポーツをしたり、海や山やプールで遊んだり、そんな普通のことが留学生にとっては貴重な体験となります。

外国人留学生を受け入れることによって、子どもは身近なアイ

ドルを持つことができます。「日本に1人で来るなんて勇気があるな！」「私も外国に行ってみたい！」「英語ができるようになりたい！」と、子どもは留学生からたくさんの刺激を受けると同時に、自分の将来の夢についても考えるきっかけになります。

▶日本国内の「宿泊型英語サマーキャンプ」に参加する

最近は日本でも、自然体験キャンプや山村留学体験キャンプなど、親元を離れ、集団生活を経験できるプログラムが増えてきました。

夏休みにただ遊ばせておくだけではもったいないですね。小学校高学年からは夏休みを利用して、子どもを一回り成長させるサマーキャンプへの参加を検討してみてはいかがでしょうか？

いつもの学校とは異なる仲間たちとの共同生活を体験できるサマーキャンプは、子どもの視野を広げ、コミュニケーションスキルを伸ばし、自信を大きくしてくれるチャンスです。

サマーキャンプでは「自分のことは自分でやる」のが原則です。自分で起きて、自分で食事を作り、自分で片付ける。親元を離れて身の回りのことを自分でやることで「自立」を学ぶことができるのです。

このサマーキャンプに「英語」をプラスした「英語サマーキャンプ」が日本でも開催されるようになりました。ネイティブのスタッフやボランティアの留学生らと朝から晩まで一緒に過ごす経験が国内でできます。

インターナショナルスクールのキャンパスを利用したもの、大自然の中で様々な活動に従事するもの、スポーツ、ダンス、演劇などを集中指導するものなど、子どもの興味に合ったプログラム

を「英語で」体験できます。日数は2泊程度のもの、10泊する
ものなど様々なのでぜひ調べてみてください。

サマーキャンプを楽しむには、知らない人の中に飛び込んで行
けるように日頃からコミュニケーションスキルに着目することが
大切です。コミュニケーションスキルについては74ページを参
考にしてください。

▶中学受験など、具体的な目標設定をする

小学校での英語教科化に伴い、中学受験でも「英語」を取り入
れる学校が増えています。中学受験を考えている家庭では、「英
語ができると有利になる」という事実を子どもに伝えて、英語学
習へのモチベーションを高めてください。

第2章でご紹介した通り、**多くの中学が、英検取得者に対し
て「点数加算」「判定優遇」「学科試験免除」などの優遇措置を
与えています。**

日本英語検定協会のウェブサイト（eiken.or.jp）では、英検を
取得することで優遇措置を得ることができる学校（中・高・大）
を調べることができます。「英検・TEAP・IELTS 入試活用校検
索」というページがありますから、受験希望校や都道府県から検
索してみてください。何級を取得するとどんな優遇が得られるの
か分かります。それを子どもとシェアして、具体的な目標を立て
ることをお勧めします。

さらに大学受験までを視野に入れて、「英語ができると得をす
る」ことを子どもに教えてあげてください。

**本書で目標としている「CEFR B2レベル」というのは英検準
1級程度の英語力です。このレベルを達成すれば大学受験でも**

優遇措置を得ることができるのです。

さらに言えば、英検準1級は小学生でも合格可能です。小学生が大学レベルの数学や理科をクリアすることは難しいですが、英語に関しては小学生でも大学生と勝負できるのです。これは子どもにとって「やる気」につながります。

小学校高学年〜中学生の子どもに「CEFR B2レベル」を意識づけることによって、英語学習へのモチベーションを維持することができます。

と言っても具体的な学習は「チャプターブックを読む」だけです。英語のチャプターブックを読み続ける。それを継続するだけで「CEFR B2 レベル」の英語力を達成することができるのです。

13歳以上
国際交流を経験する!

13歳以上の英語モチベーションを維持するベストの方法は「国際交流」です。世界中の同年代の子どもたちと交流するチャンスを与え、「もっと色々な人と友だちになりたい!」「知らない世界の人たちと話をしてみたい!」という気持ちを、自分から持たせてあげるのです。

英語で「Get out of your comfort zone」という言葉があります。直訳すると「居心地の良い場所から離れろ」という意味です。人間の成長にとって、「居心地が良すぎることは危険である」「居心地が良いのは成長が止まっているサイン」であることを警告する言葉です。

心理学者のロバート・ヤーキーズと心理学者のジョン・ドットソンは、人間のパフォーマンスを最大限に発揮するには、相対的に不安な状態、つまりいつもより少しストレスが高い状態が必要であるという「ヤーキーズ・ドットソンの法則」を提唱しました。

受験やティーンエイジャー時代の葛藤を乗り越え、ずっと伸び続ける子どもたちを観察していると、自分の現状に決して満足していないことが分かります。常にワンランク上を目指して地道な努力を継続しています。ワンランク上を達成したら、さらにワンランク上を目指す。そうしてずっと右肩上がりに伸びていくことができるのです。

ティーンエイジャーになった子どもには、「海外留学」を視野に入れつつ、身近な環境において国際交流や異文化交流を経験するチャンスを与えましょう。

子どもが自分から「居心地の悪い場所」に飛び込んでいくことは難しいですから、親が背中を押してあげることが大切です。

この時期の子どもはカッコつけたがりますから、自分が一生懸命がんばる姿を人に見せたがりません。**「親がしつこく勧めるから仕方なく」という理由を子どもに与えてあげてください。**

▶日本国内の国際交流プログラムに参加する

中学生以上になると、子どもが参加できる国際交流プログラムの選択肢が一気に増えます。日本国内で実施するもの、短期間海外に行って行うもの、書類審査や面接をパスすれば奨学金を得て無料で参加できるものがあります。

受験のための英語でなく、自分を成長させるための英語、将来社会で役立つための英語を体験するためにも、国際交流プログラムへの参加を検討してみてください。まずは親が調べて「こんな面白そうなプログラムがあるけど挑戦してみない？」と子どもに提案してあげてください。

218ページで紹介した「AFS日本協会」は、中高生を対象に様々な国際交流プログラムも実施しています。お勧めは、日本に訪れている外国人留学生たちと3〜4日間の共同生活を行う「国際交流サマーキャンプ」です。日本全国7ヶ所で毎年実施されています。

世界中から日本に来ている同年代の留学生たちと真剣に語り合い、思いを伝え合う経験は、子どもの一生を変える大きな出会い

となることでしょう。

「自分の人生を変えてくれた！」

「世界を見る目が広がった」

「自分のことを今まで以上に考えるきっかけになった」

「言葉がうまく通じなくても、相手に伝える気持ちと笑顔、そして思いやりがあれば自分の気持ちを伝えられることに気づいた」

（AFS ウェブサイトより）など、大変充実した経験をすることができます。

▶観光ボランティア、ゲストハウスのボランティアに挑戦する

　外国人観光客が多い地域に住んでいる場合は、観光ボランティアや「ゲストハウス」と呼ばれる外国人向けの宿泊施設のボランティアもお勧めです。

　高校生が始めた「PIPS JAPAN」は外国人向けの観光ボランティア団体です。英語力がなくてもやる気があれば誰でも参加できます。メンバーは高校生から大学生で、東京や大阪などで、外国人向けに無料観光ガイドをしています。

　外国人バックパッカーがよく利用するゲストハウスでボランティアをするのも外国人と知り合いになるチャンスです。住んでいる地域でゲストハウスを探してみると、意外にたくさんあることに驚くはずです。ビジター向けに国際交流イベントを実施しているゲストハウスも多くあります。

　他にもインターネットで検索すれば、外国人と交流できるソーシャルイベントやサークルをたくさん見つけることができます。

子どもだけで参加させるのが不安であれば、親子で参加してみてはいかがでしょうか！

▶無料で海外留学できるプログラムに挑戦する

英語力を身につけていれば、審査にパスすれば奨学金を得て無料で留学できるプログラムに挑戦することも可能です。

文部科学省が行う「トビタテ！ 留学 JAPAN 日本代表プログラム高校生コース」「AIG 高校生外交官プログラム」などがあります。

これ以外にも各地方自治体、企業、非営利団体などが行う奨学金プログラムがありますので調べてみてください。

\ Review /

- ✔ 0〜3歳：英語の音・文字環境を作る
- ✔ 3〜6歳：お気に入りのキャラクターを見つける
- ✔ 6〜10歳：英語停滞期を（細く長く）乗り越える！
- ✔ 10〜12歳：英語の価値を実感させる
- ✔ 13歳以上：国際交流を経験する！

第 6 章　年齢別「やる気」を維持する環境作り　225

英語子育て Q & A

ここでは、多くの親御さんから寄せられる英語教育についての
質問と、その対策についてご紹介していきます。
これまでに本書でお伝えしてきたリーディング学習を
ベースに、より実践的な解決策を加えていきます。
英語教育を実践する中で同じような悩みが出てきた時に、
確認用として使ってください。

親の関わりについて

Q1 親と一緒に英語を学ぶのは良い？　良くない？

　もちろん良いことです。子どもの英語学習を成功さ
せる上で一番大切なのは「親のサポート」です。英語学習を英語
教室や家庭教師任せにしてはいけません。子どもは親がそばで見
てくれているだけで「やる気」がアップするのです。

　サポートするというのは「親も一緒に努力して英語を身につけ
なければならない」という意味ではありません。子どもが英語の
本を読んだり、英語のプリント学習に取り組んでいる時にそばで
励ましてあげたり、音読するのを聞いてあげれば良いのです。

　うまくいかない時は「がんばれ！」「必ずできるよ！」と励ま
し、うまくできたら「がんばったね！」「よくできたね！」と褒
めてあげてください。

Q2 親が英語が苦手な場合、子どもに英語は教えられませんか?

もちろん教えられます。厳密に言えば、親の仕事は子どもに「英語を教える」ことではなく「英語環境を作ること」です。英語の歌をかけ流したり、アルファベットチャートを家中に貼ったり、英語のおもちゃを買い与えたり、英語の本を購入したり、英語の人気キャラクターが登場するテレビ番組を見せたり、英語のアプリを見つけて紹介したり、英語が当たり前にある環境作りを心がけてください。

英語を学ぶのは親ではなくて子どもなのです。子どもが自主的な「やる気」で英語に向き合えるように「仕掛けを作ること」が大切です。

英語が当たり前にある環境で育った子どもは、英語に対して抵抗感を持つことが少なくなります。それだけで学習効率が高まることを知ってください。

Q3 親が英語が得意な場合は、子どもに教えても良い?

親が留学経験者などで、英語が得意（バイリンガルではないが日本ではトップクラスの英語力）という場合、どうしても子どもに英語を「教えたく」なるものです。しかし子どもの英語教育は「環境」に任せた方がはるかに効果的です。

もちろん補助的に親が英語の絵本を読み聞かせたりするのは問題ありませんが、子どもに英語オンリーで話しかけたり、日本語と英語をミックスして話しかけることはお勧めできません。

非ネイティブが語りかける英語は、指示、命令、質問など「冷たい言葉」に偏りがちです。子どもが最初に身につける言葉は「親子の信頼関係をつなぐ架け橋」の役割を持っています。ですから、「愛情のこもった言葉」をたくさんかけてあげることが親子関係を良好にする上でも大切なのです。

まずは親が自然に愛情を伝えられる言葉＝日本語で、親子の親密なコミュニケーションを成立させましょう。

Q4 親の関わりと子どもの英語力の関係は?

親が多く関わるほど、子どもの英語力は高度に発達します。特に小学校低学年までの時期は親の関わり度が、子どもの英語に対する興味やモチベーションに強く影響します。

親が英語や欧米文化に関心を持ち、家の中に英語の歌や英語の本などが当たり前にある環境を作れば、ごく自然に子どもも英語や欧米文化に興味を持ちます。それがモチベーションとなり、英語学習のスピードを促進してくれるのです。

Q5 英語の本の読み聞かせ、親の発音でも大丈夫?

日頃からネイティブ音源を聞かせていれば、親の発音で読み聞かせても大丈夫です。読み聞かせる本のネイティブ音源を YouTube や Audible で見つけて、繰り返しかけ流しておきましょう。

しばらくかけ流しを実行してから親が読み聞かせてあげると、子どもは「聞き覚えがある」ので本に興味を持ちます。親子で順番に読み聞かせ（音読）をしてみましょう。でたらめに読んでいるようで、子どもの発音が流暢なことに驚くはずです。

子どもは大人よりもはるかに耳からの吸収力が高いですから、ネイティブ音源を聞くだけで正しい発音を身につけることができるのです。

Q6 夫婦で英語教育への意見が分かれる場合は?

夫婦間のコミュニケーションを密にして、時間をかけて解決していくことをお勧めします。

よくあるケースが、母親が英語に熱心で、父親は無関心という
ものです。この状態を続けていると、いずれ、子どもの学校や習
い事の選択などで衝突が起こります。

　子どもの教育を成功させるには「夫婦が教育方針を共有するこ
と」が理想です。教育方針を完全に一致させることは難しいです
から、お互いが歩み寄り「子どもにとってベストな教育とは何
か？」を考えてください。

　どんな子どもに育てたいのか、それを実現するためにどんな教
育や環境が必要なのか、夫婦間の教育方針がしっかりしていれ
ば、子どもへの対応が「ブレる」ことが少なくなりますから、子
どもは安心して親についていくことができるのです。

Q7　共働き家庭で子どもに英語を教えることは可能？

　もちろん可能です。繰り返しますが、親がすべきこ
とは「英語環境作り」です。親が手取り足取り英語を教えるので
はなくて、「英語が当たり前にある環境」を作ることが重要です。

　共働き家庭であっても、子どもと一緒にいる時には英語の歌を
かけ流したり、英語のアニメを一緒に見たり、英語のおもちゃで
遊んだり、英語に少しでも触れる努力をすればよいのです。子ど
もが「英語は当たり前」と感じれば、抵抗感を持つことなく英語
学習を継続できるのです。

　反対に専業主婦家庭であっても、親が「英語環境作り」を怠れ
ば、子どもは英語に対する免疫ができず、英語アレルギーを引き
起こすようになります。

Q8　きょうだいが生まれたら、英語を嫌がるようになりました

　きょうだいが生まれると、それまで楽しく英語に接
していた上の子が、急に英語を嫌がることがあります。これは下

英語子育てQ&A　　229

の子にやきもちを焼いているから起こる行動であり、英語学習自体を嫌がっているわけではありません。上の子は、お母さんの関心を自分に向けたくて必死なのです。

この時「言うこときかない子は嫌い！」などと突き放してはいけません。下の子ができた時は、「上の子に心遣い」をしてください。下の子に手がかかるのは仕方ありませんが、上の子が疎外感を感じないように、心を多くかけてあげるのです。

下の子のおむつを替える時は、上の子に手伝いを頼み一緒に交換します。下の子のお世話をお母さんが一人でするのでなく、上の子と一緒にする習慣を持ちましょう。上の子が寂しい思いをしないように、心をかけてあげると、元通り英語学習にも取り組んでくれるようになります。

Q9 男の子、女の子で英語の身につけ方に違いはある？

男の子も女の子も基本は一緒です。英語教育を成功させる上で大切なのは、子どもの興味や関心を見極め、子どもに合った環境を作ることです。どの子も、自分が興味のあることは驚異的なスピードで吸収します。人気アニメのキャラクターをあっと言う間に覚えてしまうように、子どもの「好き」を見つけて、それを入り口に英語環境を作っていきましょう。

付け加えれば、兄弟姉妹といえども、1人ひとり好き嫌いは違いますから、子どもの特性をしっかりと見極めることが大切です。

Q10 日本語がおぼつかない2歳児に英語を教えても大丈夫？

2歳児に英語を教えても何ら問題ありません。乳幼児期の子どもは身の回りにある言葉を無条件に吸収できます。この優れた言語習得能力を英語に活用しない手はありません。

「英語を教える」と言っても、親がすべきことは、ネイティブ英語が収録された歌や絵本のオーディオを「かけ流す」だけです。英語のインプットは「音源」に任せてください。

　将来子どもに高度な英語力を望むのであれば、両親は「日本語」のインプットに専念してください。両親が日本語で豊かに語りかけ、日本語の絵本をたくさん読み聞かせ、子どもと愛情あふれる親密なコミュニケーションをたっぷりとれば、日本語力の土台が強固に確立されます。この日本語の土台が、将来の英語のリーディング力、スピーキング力、ライティング力へと発展していくのです。

Q11 3歳の子どもが英語（歌やDVD）を嫌がります

　「英語を教えよう」という親の気持ちが強すぎると、子どもは敏感にその雰囲気を察知して逃げていきます。英語のDVDを見せよう、英語の本を読ませよう、英語の歌を聞かせようなど、親の「○○させようオーラ」を極力消す努力をしてください。

　そもそも子どもが「英語はイヤッ」と言うのは、英語を意識しているからなのです。6歳までの子どもは「無意識のインプット」が一番効果あります。英語をかけ流す音量をさらに小さくして、子どもが英語を意識しないように配慮してください。英語の歌や物語が流れていることに気づかない状態が、一番効果的に英語をインプットできるのです。

　しばらくの間は、英語の文字を教えたり、英語の読み聞かせをしたり、アウトプット（発語やリピート）を期待することは一切やめましょう。子どもの英語アレルギーが治るまでは、インプットに徹すること、環境作りだけをきちんと実行して、あとは子どもの頭脳に任せましょう。

英語子育てQ&A　231

Q12 5歳の子どもが英語のプリント学習を嫌がります。対処法は?

　5歳くらいの子どもは上手に字が書けないので、プリント学習を嫌がることがあります。「うまくできないことはやりたがらない」原則を思い出しましょう。家庭ではブロックや粘土遊び、工作など、指先を使う遊びをするようにしましょう。指先の力がつくと上手に文字が書けるようになります。

　また、使う鉛筆はできるだけ太いもので、楽に文字が書ける濃さ（5Bなど）を使いましょう。

　プリント学習をする時は出来不出来について、とやかく言うことはやめましょう。少々下手でも「よくがんばったね」と褒めてあげてください。

　一番大切なことは、子どもにプリント学習を1人でやらせないことです。学習習慣がつくまでは必ず親が一緒にプリントに取り組みましょう。子どもがうまくできない時は親が手伝ってあげても構いません。さらに付け加えれば、プリント学習は5分、10分など、時間を決めて取り組むようにしてください。だらだらと長く取り組むとプリント嫌いになります。

Q13 6歳の子どもが音読をしてくれません。対処法は?

　子どもは「うまくできないことはやりたがらない」という特徴があります。失敗したり、間違ったりすることが嫌なのです。

　これは音読でも同じことで、上手に読めないから読みたくないのです。つまり上手に読めるようにしてあげることが先なのです。読む本のレベルを下げましょう。子どもが「かんた～ん！」と言うレベルの本が音読には適しています。

　そして読み終えたら「○○ちゃんは英語上手だね」と大げさに

褒めてあげましょう。その時にギュッと抱きしめてあげると効果倍増です。「よめた！」という小さな成功体験を積み重ねることが、リーディングフルエンシーを身につける上で大切です。

Q14 7歳の子どもが英語の本を読みたがりません。対処法は?

　読む本のレベルを下げましょう。また1〜2分で読み終わる短いもの（アーリー・リーダーズレベル）を読ませてください。リーディングフルエンシーを身につけるポイントは、「簡単で短い本の多読」です。この原則を守れば、本の好き嫌いにかかわらず、リーディング学習を継続することができます。

　1日にわずか1〜2分の学習ですから、さっさと終わらせて自分の好きなことをした方がいいことは小学生になれば理解できるのです。くれぐれも難しすぎる本、長すぎる本を与えないように注意しましょう。

Q15 テレビやPCの画面を幼児に見せても大丈夫?

　　見せても大丈夫ですが、見せっぱなしはダメです。アメリカの小児科学会は1日のスクリーンタイム（テレビ、タブレット、スマートフォン、コンピューターなどの全てのモニターを見る合計時間）の目安を以下のように推奨しています。

　0歳〜1歳6ヶ月：0時間
　2歳〜5歳：1時間
　6歳以上：家庭のルールを決める

　原則、乳幼児は1日1時間までです。小学生になったら家庭でスクリーンタイムについてのルールを決めましょう。この時、親

英語子育てQ&A　　233

が一方的に決めてはいけません。子どもと一緒に決めましょう。それを紙に書き出して、子どもの目に入る場所に貼っておきます。「スクリーンタイムは１日２時間まで！　ルールに反した場合は１週間ゲーム禁止！」などと家庭のルールを決めれば、子どもはテレビやスマホの時間を自分で管理できるようになります。

英語教材・スクール選びについて

Q16 英会話スクールや家庭教師の選び方は?

英会話スクール選びで大切なのは「教師の質」「カリキュラム」「環境」です。

教師は、英語ネイティブで、指導資格があり、指導経験豊富な人が理想です。カリキュラムは「英会話」に偏らず「リーディング力」中心に組み立てられていることが重要です。そして環境は、周囲の子どもたちや保護者が英語教育に熱心で、協力的であることが理想です。この３つが揃っていれば、親子ともモチベーションが維持しやすくなります。

スクールによってはネイティブ講師と日本人講師が共同で教えるケースがありますが、理想はネイティブが英語オンリーで教える環境です。子どもの思考スイッチは「日本語が通じる環境」では英語に切り替わらないのです。日本語が通じない環境に入ると自然に思考スイッチが英語に切り替わり、英語情報が効果的にインプットされていきます。

教師選びのポイントは英語ネイティブであることです。英語を第二言語で学んできた教師よりも英語ネイティブであることが子どもの英語教育においては重要です（英語のわらべ歌や手遊び歌

に慣れ親しんでいる教師ほど良い)。

　家庭教師を選ぶ場合も同様で、英語ネイティブで、リーディングの指導経験が豊富で、楽しい先生を探しましょう。

　近くに該当するスクールがなければ、オンラインスクールやオンライン英会話などを活用するのも良いでしょう。

Q17 オンライン英会話、オンライン教材は活用すべき?

　大いに活用してください。オンラインをうまく利用すれば、世界中の優れた教材や最新のカリキュラムで英語を学ぶことができます。今は日本にいながら、世界最先端のハーバードの授業だって受けられる時代なのです。

　子どもの英語学習にテクノロジーを活用しない手はありません。オンライン英会話は、料金や教師の質も様々ですから、いくつか実際に試してみることをお勧めします。

Q18 フォニックス教材はどれを選ぶべき?

　インターネットで検索すると、いろいろなフォニックスが出てきます。「松香フォニックス」「ジョリーフォニックス(Jolly Phonics)」「フックトオンフォニックス(Hooked on Phonics)」など。一体どれを選ぶべきか判断に迷いますね。

　結論から言えば、フォニックスである限り、どの教材を使っても学習内容に大差はありません。ただ望ましいものは、聞き取りやすいネイティブ音声が豊富に含まれているもの、そして、多くの音声パターン(種類)が学習できるものです。

　フォニックスには、「例外」がたくさんあるので、アルファベット26文字だけでなく「例外」をどれだけ多く学べるのかを1つの目安にすると良いでしょう。

　私の学校で開発した TLC Phonics は、200曲の歌を通して44

英語子育てQ&A　　235

種類の音と120の綴りを全て学ぶことができます。TLC Phonics はオンラインで受講できます（www.tlcforkidsusa.com）。

Q19 英語力が伸びる習い事（英語以外）はありますか?

おすすめは歌や演劇です。メロディーや歌詞やセリフを覚えたり、身体を使って表現する訓練は英語習得にも役立ちます。

事実、私の学校の生徒でも、演劇経験者は英語習得が速いという特徴があります。ネイティブ発音を真似たり、表情やジェスチャーを駆使して伝えたり、相手の言いたいことを察知する能力が高いのです。

英語学習方法について

Q20 子どもが意味の分からない単語に出会った時は、辞書で調べさせるべき?

できるだけ辞書（英和辞書）は使わないことをお勧めします。辞書で調べる前に、意味を推察する習慣をつけましょう。子どもが「これはどういう意味?」と聞いてきたら「どんな意味だと思う?」と聞き返しましょう。

英語学習の基本は「英語で英語を理解すること」です。これを実現するためには、日本語に訳して理解するのでなく、英語を英語のまま理解する習慣作りが必要です。

もし辞書を与える場合は、日本語を介在しないもの、ネイティブの子どもが使うもの、イラストが書かれているものなどを使ってください。乳幼児期の子どもには「Oxford Junior Illustrated

Dictionary」を使うと良いでしょう。

　小学生になった子どもには、類語・同義語辞典の使い方も教えてあげましょう。ネイティブの子どもたちは意味が分からない単語に出会った時に、「シソーラス／ thesaurus」と呼ばれる類語・同義語辞典で、意味が近い単語を探します。シソーラスのお勧めは「Oxford Junior Illustrated Thesaurus」です。

　小学校高学年以上の子どもには、オンライン辞書の使い方を教えてあげましょう。「Thesaurus.com」「Merriam-Webster.com」などを探してみてください。オンライン辞書は発音も確認することができるので便利です。

Q21 英単語はいくつ覚えればいいのですか?

　英語教育のゴールである「CEFR B2レベル」に必要なボキャブラリーは7500 〜 10000語と言われています。「そんなに覚えるの！」と恐れることはありません。本書で紹介している「リーディング力の獲得」を軸とした学習を実践すれば、特に単語を覚えるための学習をしなくても、7500 〜 10000語レベルのボキャブラリーを「リーディングを通して」獲得することができます。

　まだ本が読めない、リーディング以前の子どものボキャブラリーで見落としがちなのが、色、形、数字、月、曜日などの概念単語です。これら概念単語の確認は、「Oxford Very First Dictionary」「Oxford First Picture Dictionary」などを使って教えましょう。イラストや写真が豊富に掲載されていますから、親子で眺めているだけでも楽しいです。

Q22 ボキャブラリーを効果的に増やす方法は?

　ボキャブラリーを増やす方法はリーディングです。

英語子育てQ&A　237

日本語でも英語でも、語彙力を増やすには「本を読むこと」が最高の方法です。さらに言えば、年齢や英語レベルに応じて、読む本のジャンルを変えていくとボキャブラリーを効果的に増やしていくことができます。

　本を読み始めの子どもは絵本や児童書などのフィクションからスタートし、リーディングに慣れてきたら、「ファーブル昆虫記」や「シートン動物記」など自然科学系の本、ヘレン・ケラーやジョージ・ワシントンの伝記などノンフィクションへと幅を広げていきます。読む本のジャンルを広げることで、子どもが理解できるボキャブラリーも増えていきます。

Q23 文法は教えなくていいのですか？　教える場合の方法は？

　まだリーディング力を身につけていない子どもに文法を教える必要はありません。まずは英語の本をスラスラ読めるようにすることが先決です。

　英語の本が読めるようになったら、ライティング学習の延長として文法を教えていきます。お勧めは、英語圏の小学２〜３年生が使う「Writing」や「Grammar」のワークブックを活用することです。Amazon で「writing grade 2」「grammar grade 2」などと検索すれば見つけることができます。内容は簡単ですから、子どもが自力で取り組むことができます。

Q24 子どもが間違った文法を使います。訂正すべき？

　子どもに英語で文章を書かせてみると、時制や複数形の使い方などをきちんと理解していないことが分かります。そのような時は、先に紹介した「writing」や「grammar」のワークブックを購入して取り組ませましょう。子どもが文法を理解でき

ない場合は、親が「日本語で」教えてあげても構いません。

しかし、小学生の子どもに「主語」「述語」「動詞」「単数」「原形」などの専門用語を使っても理解できませんので、文法パターンで教えてください。「I like」「You like」「We like」「He likes」「She likes」「It likes」という要領です。

まだ英語を書き始めて間もない場合、文法ミスには神経質にならないでください。子どもが読む本の量が増えれば、文法知識もごく自然に身についていきます。それまでは焦らず「リーディング学習」を軸に学習を継続してください。

Q25 英語を「聞く力」はどう育てれば良いのでしょうか？

乳幼児期は「英語のかけ流し」を実践するだけでリスニング力は身につきます。小学生以上は英語のアニメ番組を見せたり、オーディオブックに合わせて本を読む練習をすると効果的です。

リーディングフルエンシーが身につけば、「本の音読」を通してリスニング力も鍛えることができます。音読する時、子どもは自分の声を聞いていますから、リスニング力も向上するのです。リスニング力の上達にも「リーディング学習」が有効なのです。

Q26 英語を「話す力」はどうやって教えるのですか？

英語を話す力も「リーディング学習」で鍛えることができます。子ども向けの本には会話（ダイアログ）が多いものがたくさんあります。そのような本を音読することによって、子どもは「話す力」の練習を重ねることができます。

以下に会話が多い子ども向けの本を列挙しておきます。「No, David!」「David Gets in Trouble」「David Goes to School」「I Want My Hat Back」「Z is for Moose」「Max & Milo Go to

英語子育てQ&A　　239

Sleep!」「Ah Ha!」「It's a Book」「Yo! Yes?」「Duck! Rabbit!」
「Let's Do Nothing!」「Rhyming Dust Bunnies」「The Pigeon
Finds a Hot Dog!」「I'm Bored」などです。Amazon などでチェ
ックしてみましょう。

Q27 英語を「書く力」はどうやって教えるのですか?

　　最初はジャーナル（日記）やブックレポート（読書
感想文）を自由に書くことから始めてみましょう。自分で読んだ
本の内容や感想などを自由に書くのです。この段階ではスペルミ
スや文法ミスは気にせず、その日に起きたことや自分の考えを文
章で表現する楽しさを教えることに重点を置きます。

　次のステップでは「最初」「次」「終わり」というように、順を
追ってパラグラフ（段落）で文章を書く練習をします。ストーリ
ー展開を簡潔に表現する練習で、「昨日起きたこと」「今日学校で
すること」「本のあらすじ」などについて、３つのパラグラフに
分けて書くことを教えます。正直、このレベルになると家庭で指
導することは難しくなるので、英語スクールやチューターの助け
が必要になります。

Q28 5年間英語を習っている子どもが、一言も英語を話しません。対処法は?

　子どもが自分から英語を口にする必要はありません。日本人相
手に英語を話す方が不自然です。英語を話さなければならない環
境に入れば、子どもは英語を口にします。アウトプットが必要と
なる環境作りを実践しましょう。

Q29 英語の発音が日本人っぽいのですが、どうやって改善させますか？

　小学生以上で英語をスタートする場合、発音が日本人っぽくなることは仕方ありません。ネイティブに近づけるには、英語を耳にする量を増やすことが必要です。お気に入りのキャラクターやテレビ番組を見せる時間を増やしたり、好きなキャラクターが登場する本の音源を聞かせましょう。英語の音やリズムに慣れてくると、発音がネイティブに近づいていきます。

　音読している時に、しつこく発音を矯正していると、子どもは音読をしてくれなくなるので注意してください。

Q30 学校で発音が皆と違って恥ずかしい、と子どもが言います

　乳幼児期から英語を学んでいる子どもは、自然にネイティブ発音を身につけます。学校で英語の授業が始まると、皆とは違う「ネイティブ発音」であることを恥ずかしいと子どもが感じることがあります。

　でもここでくじけてはいけません。クラスメートの前で、英語でコミュニケーションが取れる姿を見せつけてあげましょう。今は ALT と呼ばれるネイティブ教師が授業をする学校も多いですから、彼らと積極的にコミュニケーションをとるように子どもに伝えてください。英語がずば抜けていれば、周りの子どもたちから尊敬されるようになります。

Q31 スペルミスが多いのですが、放っておいて大丈夫ですか？

　小学校低学年の段階ではスペルミスをいちいち指摘する必要はありません。英検などの試験を受ける段階になったら矯正していきましょう。

　小学5年生から英語が正式教科となりますから、それまでに正

英語子育てQ&A　　241

しいスペルで書けるようにすれば十分です。それまでは英語のリーディング中心に学習を進めてください。

Q32 中学生から本格的にリーディングに取り組んでも身につきますか?

　身につきます。ただし本人の意欲と努力が必要です。リーディング学習以外にも外国人と接する機会を作るようにしましょう。「英語を身につけたい!」と子どもが本気で思えば、自分の意欲で学習を継続していくことができます。中学生以上はモチベーションを維持する環境作りを心がけてください。

Q33 中学生の子どもの英語モチベーションを高める方法はありますか?

　中学生になると自我がはっきりしてくるので、英語ができるようになりたい明確な理由を持つことが必要です。好きなアスリートや映画スターがいれば、英語の雑誌や記事を読むかもしれません。また同年代の外国人と接する環境を作れば、「もっと英語で話をしたい」と思うかもしれません。

　いずれにしても親の仕事は環境作りです。ホストファミリーとして留学生を受け入れたり、地域の国際交流イベントに参加するなど、親が率先して英語に興味を持つ環境作りを実践してください。

Q34 英語の「拾い読み」を改善させる方法を教えてください

　簡単に読めるレベルの本であることが大切です。難しすぎる本を与えていないか、まずチェックしてください。その上で、本の音源に合わせて英文を目で追う練習を何度かしてください。それから本を音読してみると、以前よりもはるかに上手に

読めるはずです。

　息つぎの場所に「／（スラッシュ）」を入れると読みやすくなることもありますので試してみてください。

Q35　英語の本は音読させるべきですか？　黙読でも大丈夫？

　スラスラと流暢に読めるようになるまでは音読が原則です。具体的には Oxford Reading Tree の「ステージ8」（単語数900〜1000語）を10分程度で「音読」できることが目安です。このレベルを達成したら「黙読」で多読を継続してください。

Q36　子どもが本を理解しているのか分かりません。確認すべきですか？

　リーディングの原則は「理解よりもスラスラ読めることが先」です。子どもが読んだ本の内容について質問したり、確認したり、テストしたりするのはやめましょう。しつこく尋問していると、子どもは本を読むことを嫌がるようになるので注意してください。

　スラスラ音読できるようになれば、必ず、理解は伴っていきます。それまでは内容についての確認はグッとこらえてください。

Q37　単語の読み間違いは矯正すべき？

　いつも同じ単語で読み間違いをする場合、子どもの音読をスマホなどで録音して聞かせてみましょう。間違っていることを親が指摘するのでなく、子どもが自分で読みミスに気づくことがベストです。

　もし気づかないようでしたら、読んでいる本の音源に合わせて文字を追う練習をしてみましょう。読みミスにハッと気づき、自

英語子育てQ&A　243

分で直すようになります。

英語の資格試験、学校について

Q38 英検などの資格試験は何歳から受験させるべきですか?
　小学生からが良いでしょう。小学校では成績が評価されるようになりますから、英語の資格試験も学校のテストと同じ感覚で受験することができます。

　初めて子どもに英検を受験させる場合、また就学前の子どもに英検を受験させる場合は「合格することが大前提」です。

　就学前の子どもにとって英語は「遊びの延長」であることが理想です。英語＝親子で楽しむ時間ならば、子どもが英語を嫌がることは少なくなります。テストのための英語になると、英語学習が楽しくなくなる（ことがある）ので注意してください。

Q39 英検や資格試験はどういう対策をすべき?
　過去問題に取り組めば十分です。英語力全体を伸ばすのはリーディングです。英語の本がスラスラ読める力が育っていれば、英検などの資格試験は特に対策をしなくても合格できます。

　ただ試験ごとに出題傾向や解答方法が異なりますから、試験に慣れさせるために過去問題に取り組ませましょう。多くの子どもが質問をよく読まずに解答するので、きちんと「問題を読んで答えること」を習慣づけてください。

Q40 インターナショナルスクールに通わせるメリットとデメリットは?

メリットは「バイリンガル」になれることです。日本国内でバイリンガルレベルの英語力を身につけるにはインターナショナルスクールに通う以外に良い方法が見当たりません。インターナショナルスクールでは毎日英語で教科授業を受けますから、会話力だけでなくアカデミックな英語力も獲得することができます。

デメリットは、インターナショナルスクールの多くは日本の学校教育法上の学校に該当しないことです。そのためインターナショナルスクールを卒業しても日本の大学受験の資格を得られないことがあります。また授業は外国のカリキュラムベースですから、日本語、日本の歴史、日本の地理、日本の文化など、日本のことについて十分な知識を得ることができない可能性があります。

Q41 イマージョンスクールについて教えてください

日本国内で英語に堪能な子どもを育てる方法として注目されているのが「イマージョン教育」です。イマージョン教育は、大雑把に言えば、日本語と英語の2言語で教科学習を行う方法です。

カリフォルニア州の、ある小学校で導入されている日本語と英語のイマージョン教育を例にあげますと、小学1年生の時は日本語8割／英語2割のバランスでスタートし、学年が上がるにつれ英語の比重を高め、小学6年生では日本語2割／英語8割で授業を受けるカリキュラムです。

日本でイマージョン教育を受けられる学校は、加藤学園（静岡県）、ぐんま国際アカデミー（群馬県）、啓明学園初等学校（東京都）、玉川学園小学部（東京都）、LCA国際小学校（神奈川県）、開智小学校（埼玉県）、暁星国際小学校（千葉県）、明泉幼稚園・

英語子育てQ&A　245

高森明泉幼稚園（宮城県）、英数学館小学校（広島県）、リンデンホールスクール小学部・中高学部（福岡県）などがあります。

Q42 国際バカロレアとは何ですか？

国際バカロレア（International Baccalaureate ＝ IB）は、国家の壁を越えた国際的な教育プログラムです。元々は、世界を移動する家庭の子どもが、国家間の教育システムの違いに翻弄されることなく、スムーズに大学進学できるように、国際的に認められる大学入学資格を作ろうという動きから生まれました。高校卒業までに IB ディプロマ（IBDP）を習得すると、世界各国の大学の受験資格を得ることができます。

文部科学省は2020年までに日本国内の国際バカロレア認定校を200校以上に増やす方針を打ち出しています。現状、国際バカロレア認定校となっているのは、私立学校、インターナショナルスクール、イマージョンスクールなど、英語教育やグローバル教育に熱心な中学・高校が中心です。

国際バカロレア認定校のリストは文部科学省のウェブサイトで確認することができます。

英語以外の活動との両立について

Q43 お金をどこにかけたらいいか（習い事、塾などのバランス）

年々高騰する教育費は頭の痛い問題です。家計をやりくりして、いかに子どもにベストの教育を与えられるか、「家庭の教育方針」に関わることですから、パートナーときちんと話し合いの場を持つことをお勧めします。

英語に力を入れる場合、将来子どもを留学させることが大きな目標です。塾や習い事の他にも、留学にかかる費用を想定して貯蓄しておくことが必要となります。日々の英語学習はできるだけ家庭で（お金をかけずに）済ませるように工夫しましょう。ただ英会話スクールに通わせていても英語力は平均止まりです。

英語でずば抜けるには、本書に書かれている「リーディング力の獲得」を目的とした英語学習の実践が近道です！

Q44 中学受験を予定しています。英語の勉強は継続すべきですか?

もちろん継続してください。2020年の教育改革によって、学校教育において英語の重要性（難易度）が高まることが明らかになりました。

英語ができると中学受験、大学受験、就職まで、あらゆる場面で有利になります。英語で奨学金を得て私立校に進学したり、海外の大学に留学したりするチャンスも広がります。

英語は一生使える武器になりますから、目先の受験に惑わされず、ぜひ継続してください。

Q45 英語とスポーツ（音楽、演劇、芸術）を両立させるコツは?

英語は「小学生のうちにやっつけてしまうこと」がお勧めです。

スポーツなどの習い事に本格的に取り組むタイミングは小学校高学年から中学時代です。習い事が忙しくなる前に英語のリーディング力を獲得できれば、中学以降は、英語学習に大きな時間と労力をつぎ込む必要はなくなります。そこから先は、英語の読書を継続するだけで英語力を限りなく伸ばしていけるのです。他の教科と異なり、英語は小学生のうちに大学生レベルを達成するこ

とが可能なのです。

　英語は小学校のうちにやっつけて、余った時間をスポーツ、音楽、演劇、アートなどの活動に思い切り使うことができれば、文武両道、認知力と非認知力、IQ と EQ、呼び方は様々ですが、知力と人間力の両面においてバランスのとれた人格形成が実現できます。

Q46　学校の英語の授業やテストをどう捉えたらいいですか?

　学校の英語は「ずば抜けてできて当たり前」と捉えてください。学校の英語でつまずくと「自分は英語が苦手だ」とインプットされてしまいます。英語学習を成功させるためには、子どもに「苦手意識を持たせないこと」が大切です。

　重要なタイミングが、学校で英語の授業が始まる小学3年生、そして英語が教科化される小学5年生です。この2つの時期に「英語がずば抜けてできる」レベルになっていれば、子どもは「自分は英語が得意だ!」と自信を深めることができます。すると自主的に英語を勉強するようになるのです。

　小学3年生で「英検3級」、小学5年生で「英検2級」を取得していれば、大抵の学校で「ずば抜ける」ことができます。本書の学習を実践すれば必ず達成できるレベルですから、ぜひチャレンジしてください。

海外留学について

Q47　英語圏に留学させる時期はいつ、どれくらいの期間がベストでしょうか?

　海外留学は高校1年生、あるいは2年生がベストです。海外の

学校生活を体験する上で一番刺激的なのが「ハイスクール」です。スポーツや音楽や演劇などの課外活動、ダンスパーティー、スピリッツウィーク、ホームカミングなど、欧米の高校でしかできないイベントが盛りだくさんです。

留学期間は1年間が理想です。1年間留学すれば、帰国後に英語教育のゴールである「CEFR B2レベル」が達成できます。また高校1～2年時の1年間の留学でしたら、帰国後に日本の大学受験で出遅れる心配が少ないので安心です。

Q48 海外のサマープログラムについて教えてください

日本人にとって最も身近な英語圏であるハワイのサマープログラムを例にすると、プログラムは6月初旬から8月中旬にかけて実施され、学校が主催する「サマースクール」とYMCAなどの団体が主催する「サマーキャンプ」に大きく分かれます。詳しくは89ページを参照してください。

ハワイのサマーキャンプは安全でアジア人も多いですから、英語体験・異文化体験の入り口としてお勧めです。

Q49 英語だけでなく、欧米文化を身につけさせるにはどうしたら良いですか?

これはなかなかレベルの高い希望です。日本人が日本的な文化感覚を身につけるのは、日本の家庭生活、学校生活、地域社会生活を経験しているからです。同様に欧米的な文化感覚を身につけるには、欧米の家庭や学校生活を経験することが必要です。もちろん知識として欧米文化を学ぶことはできますが、やはり大切なのは体験することです。

欧米人とコミュニケーションをとり、欧米の生活を体験するには「留学」がベストです。ホームステイを通して欧米的な習慣や

英語子育てQ&A　249

文化、そして学校生活を通して欧米的な思考習慣、コミュニケーションスキルなどを身につけることができます。

Q50 子どもを留学させる場合、英語以外に必要なことは?

留学を成功させるポイントは、子どもに勉強以外の「特技」を持たせることです。スポーツ、音楽、演劇、ダンス、アート、暗算、マジック、剣玉、書道、どんな分野でも構いません。特技があると子どもの自信は倍増します。その自信がエネルギーになって留学先でもスムーズに人間関係を構築でき、学校に適応できるようになります。

人とは違う特技を持っていると、世界のどこへ行っても周囲から尊敬や注目を集めることができるのです。

また特技があれば、同じ興味を持つ仲間がすぐにできますから「自分は外国でもやっていける」という自信を短期間で得やすいのです。

将来、子どもを海外留学させたい、グローバル人材に育てたい、と希望する家庭では、英語の他にも特技を1つ与えられるように、今から準備してあげてください。

Q51 留学させるならばどの国・地域が良いでしょうか?

英語圏であればアメリカ、カナダ、イギリス、オーストラリアなど英語が主要言語の国がよいでしょう。英語圏と言ってもアメリカ英語、イギリス英語などの違いがありますので、子どもがどちらに親しみやすいのか、判断してください。

さらに理想を言えば、英語圏であって、かつ、日本人が少ない場所がベストです。そのような場所では、子どもは頼る人がいないので大きな苦労を経験しますが、苦労の分だけ得るものも大きいのです。欧米流の思考スキル、コミュニケーションスキルはも

ちろん、一生の友とのすばらしい出会いが期待できます。

Q52 英語圏のボーディングスクールにはどうしたら入学できますか?

ボーディングスクールは寄宿舎（寮）で生徒たちが共同生活を送る学校で、欧米の上流階級家庭を中心に人気のある教育システムです。

アメリカで人気のボーディングスクールは Philips Academy、Phillips Exeter Academy、Deerfield Academy など200年以上の歴史と伝統を持つ学校です。

イギリスで人気なのは Eton College、Rugby School、Harrow School などの名門パブリックスクール（イギリスのパブリックスクールは私立の中等教育機関を指す）で、500年以上の歴史を持つ学校もあります。

これらの名門ボーディングスクールに入学するには、子どもに学力と一芸が備わっていることはもちろん、家庭の経済力、家柄、コネも大きな要因となります。

Q53 ハーバードなど世界トップ大学に入学するにはどうしたらいいですか?

学力面において日本でトップレベルであることに加えて、自分の得意分野（武器）を持つことが近道です。スポーツ、音楽、演劇、アート、社会貢献活動、ビジネスなど、分野は何でも構いませんので、人には負けない「強み」をつけることを目標にしてください。

世界トップレベルの大学を受験する学生のほとんどは、学力面では国や地域のトップクラスであり、大差はないのです。差がつくのは学力以外の「強み」です。

英語子育てQ&A　251

世界トップのエリート大学と言えば、ハーバード大学、プリンストン大学、イェール大学、ペンシルバニア大学、ブラウン大学、コロンビア大学、ダートマス大学、コーネル大学の8大学で構成されるアイビーリーグ大学です。

　アイビーリーグ大学には「学力」が高いだけでは合格できません。学校の成績がオールAでも、SATと呼ばれる共通テストで満点を取っても、スポーツ、吹奏楽、オーケストラ、演劇などの課外活動に積極的に取り組み「強み」や「リーダーシップ」を身につけていなければ、ほぼ合格することはできません。

　アイビーリーグ大学の合格を勝ち取った生徒のプロフィールを見ると、文武両道、文芸両道は当たり前。さらに生徒会活動、ボランティア活動、国際交流など、勉強にも課外活動にも休む暇なく突き進んできたことが分かります。このような厳しい環境を「やり抜いてきた」学生、これからの世界を牽引するリーダーとなり得る人材をアイビーリーグは探しているのです。

おわりに

　四方を海に囲まれた日本では、長らく、グローバル化は一部の人たちの問題と思われてきました。

　しかし、そんな時代も終わりに差しかかっています。テクノロジーの発達によって世界は小さくなりました。人、モノ、金、情報の流れは国境を越えて自在に世界を駆け巡るようになり、そのスピードは加速度的に増加しています。

　今の子どもたちが社会に出る20年後には、日本も本格的なグローバル化に巻き込まれていることは間違いありません。今まで日本人が経験したことのない、新しい時代を目前に控え、「どのような教育を子どもに与えるべきなのか」と多くの保護者が不安を抱えながら、日々試行錯誤で子育てにあたっています。

　これから日本に訪れる大きな変化は、本書を手に取っていただいた「グローバル・マインド」あふれる親、そして、その親によって育てられる子どもにとって「またとない大きなチャンス」であると私は考えています。

　誰もが肌で感じている通り、英語ができる人へのニーズは日本全国、ありとあらゆる分野で広がっています。しかし、英語ができる人の数は一向に増えていません。つまり**英語ができる人の市場価値は日増しに高まっていく一方**なのです。

　だから今がチャンスなのです！

　これからは受験や就職など、人生の大きな節目において、英語ができる人は高く評価され、優位に立てるのです。それだけでは

ありません。国家、地方自治体、企業がこぞってグローバル人材育成のために返済不要の奨学金の供与を始めています。英語ができれば、学費タダで世界トップ大学への留学を実現することも夢物語ではありません。

英語という「武器」を手にした子どもは、英語を突破口に競争を勝ち抜き、自分のやりたい分野で突き抜けていくことができます。自分の夢や目標をかなえていく手助けを英語がしてくれるのです。子どもの教育を考えた時に、これほど有益で、費用対効果が高い「スキル」は他に存在しないのではないでしょうか？

英語の素晴らしい点は、スポーツや音楽やアートとは違って、特別な能力や才能を必要としないことです。親が適切な環境を用意し、子どもが意欲を持って英語学習を継続できるようにモチベーション面に配慮すれば、どの子も必ず高度な英語を身につけることができるのです。

英語を身につけるまでは8〜10年という長い時間がかかります。途中で子どものモチベーションが下がることや、受験を控えて親の教育方針がブレてしまうことがあると思います。でも決して英語を諦めないでください。壁にぶつかった時は、この本を思い出して、ぱらぱらとページをめくり返してみてください。きっと探していた答えが見つかるはずです。

本書でご紹介したノウハウが、これからのグローバル社会において、自分らしく自己実現していける「たくましい子ども」を育てる一助となれば、この上ない幸せです。みなさんの子育てが、より良いものになることを心より願っています。

船津徹

おわりに　255

著者プロフィール

● **船津徹** Toru Funatsu

1966 年福岡県生まれ。明治大学卒業後、金融会社勤務を経て幼児教育の権威である七田眞氏に師事、英語教材の開発を行う。その後独立し、米ハワイ州に移住。2001 年ホノルルにTLC for Kids を設立。英語力、コミュニケーション力、論理思考力など、世界で活躍できるグローバル人材を育てるための独自の教育プログラムを開発。オリジナルの英語教材は全米25 万人の教師が加盟するアメリカ最大の教育リソースサイト「OpenEd」による「最も効果がある英語教材部門」で第 2 位にランクインした。2014 年にカリフォルニア州トーランス校を、2017 年に中国上海校を設立。

2018 年までに延べ 4500 名以上の子どもの教育に携わった。卒業生の多くはハーバード大学、コロンビア大学、ブラウン大学、ペンシルバニア大学など、アイビーリーグを始めとした世界各国の最難関大学へ進学し、グローバルに活躍している。その実績が評判を呼び、現在ではハワイに住む経営者、スポーツ選手、アーティスト、芸能人などの子どもが順番待ちとなる人気を博している。

著書に『世界標準の子育て』『すべての子どもは天才になれる、親（あなた）の行動で。』（共にダイヤモンド社）がある。

TLC for Kids　www.tlcforkidsusa.com
公式ブログ　ameblo.jp/tlcforkids
船津徹公式サイト　torufun.amebaownd.com

世界で活躍する子の〈英語力〉の育て方

2019 年 6 月 30 日　第 1 刷発行

著　者	船津　徹
発行者	佐藤　靖
発行所	大和書房
	東京都文京区関口 1-33-4
	電話　03-3203-4511

装丁	杉山健太郎
本文デザイン・DTP	荒井雅美（トモエキコウ）
イラスト	オグロエリ
本文印刷	信毎書籍印刷
カバー印刷	歩プロセス
製本	小泉製本

© 2019 Toru Funatsu, Printed in Japan
ISBN978-4-479-78473-9
乱丁・落丁本はお取り替えいたします。
http://www.daiwashobo.co.jp